数独：

老年人也能玩的脑力游戏

半山老人俞传贤⊙著

苏州大学出版社
Soochow University Press

图书在版编目(CIP)数据

数独:老年人也能玩的脑力游戏/半山老人俞传贤著. -苏州:苏州大学出版社,2013.9 (2014.9重印)
ISBN 978-7-5672-0643-4

Ⅰ.①数… Ⅱ.①半… Ⅲ.①智力游戏 Ⅳ.①G898.2

中国版本图书馆 CIP 数据核字(2013)第 216208 号

书　　名: 数独: 老年人也能玩的脑力游戏

著　　者: 半山老人俞传贤
策　　划: 刘　海
责任编辑: 刘　海
装帧设计: 刘　俊

出版发行: 苏州大学出版社(Soochow University Press)
出 版 人: 张建初
社　　址: 苏州市十梓街 1 号　邮编:215006
印　　刷: 苏州工业园区美柯乐制版印务有限责任公司
网　　址: www. sudapress. com
E - mail : Liuwang@ suda. edu. cn　　QQ: 64826224
邮购热线: 0512-67480030
销售热线: 0512-65225020

开　　本: 889 mm × 1 194 mm　1/32　印张:4.25　字数:68 千
版　　次: 2013 年 10 月第 1 版
印　　次: 2014 年 9 月第 2 次印刷
书　　号: ISBN 978-7-5672-0643-4
定　　价: 15.00 元

目 录

第一章　健康有趣的数独游戏

“数独”是一种高尚、健康、有趣的脑力锻炼游戏。通过它，人们的休闲时光可以变得充实，既消解了现代生活快节奏的压力，又使大脑得到了锻炼，生活也因之而变得更加丰富多彩。笔者在退休后开始接触此道，深感数独游戏同样适合于养老生活，数年来获益良多，对解题技巧颇有心得，愿与朋友们分享。

数独游戏的玩法很简单：在 9×9 方格图中用九个阿拉伯数字填满所有空格，使每个小区都做到九个数字不重复不遗漏。

数独游戏是从国外传入中国的，巧合的是，它的表现形式却是中国古老的九宫图。

数独游戏是一种新兴游戏，它在全球流行还不到十年。“数独”起源于 18 世纪瑞士数学家欧拉制定的n×n不重复数字方阵，到 20 世纪才在美国定型为 9×9 方阵，不久，这种游戏流入日本，经过进一步的规范，才正式定名为“数独”，意思是“孤独的数字”。一个偶然的机会，曾经在香港任法官的新西兰籍英国人高乐德退休后去日本旅行时发现并迷上了它。为此，他花了六年时间编写成电脑程序，于 2004 年带回英国，并在《泰晤士报》连载。数独游戏很快就风靡全球。与此同时，数独也传到了中国，开始在九宫格的故乡流行起来。

在中国，数独游戏一开始主要是受青少年的青睐，被教育界推崇为开发智力、进行逻辑教育的绝妙手段；接着又被上班族作为舒缓工作压力的趣味游戏；不久，医学界又发现了数独的大脑保健功能，认为它可以延缓脑力衰退，对预防老年痴呆尤其明显。在中国人生活日益富裕且有闲的今天，数独游戏已经成为广受中国家庭欢迎的脑力保健助手。

“数独”并不是高深的学问，根本用不到数学知识和计算，九宫格中的这九个数字实际上只是九个不同事物的代码，完全可以用任何符号或名称来代替，只因为阿拉伯数字在全球通行，具有易认、易读、易写、易查的优点，才被选作数独游戏的通用符号。

数独游戏就是给九宫格的每个空格判定应填的数字，给每个数字寻找它应有的位置，并不需要超凡的智商，只要会写阿拉伯数字的朋友都可以参与，凭着高度的兴趣、充分的耐心和普通的推理能力，大家都能学会。

数独游戏的道具很简单，只需用圆珠笔（为了不被轻易擦掉）复制一份谜题。解题时，也只需要橡皮和铅笔（为了便于修改）。无论是在旅途中还是休息时，甚至在病床上，随时随地都可以量力而玩。

最可取的是，数独可以一个人玩，也可以合家同乐，还可以找同好者交流和比赛，并且没有任何规定和限制，每个人随时随地都可做可停，绝对不会陷于欲罢不能、勉强支撑的困境。

玩数独的节奏，可快可慢，各人可以自主设定和选择。

本书将向读者朋友介绍一些通用的解题方法，目标是解答一般难度的谜题。因为有此明确的针对性，所以本书只讲解标准数独，并且倾向于慢节奏，还有意识地把发展思维的脑力活动转化为按部就班的笔头作业，解题时提倡以笔代思、进行有序操作。讲解中注意分散难点，强调单项练习。这样编排，很适合老年人特点，也适用于选择慢节奏的年轻人。

本书以第二章为主体，其中共设十九节，读者朋友既可循序阅读，也可按需选读，甚至还可以在泛读前两节后抛开所有的文字解说，直接练习解答所附习题，结合解题再选读相关内容。现在把各节主要内容提示于下。

第三到五节讲述解题路线 A，包括基本解题方法和两种辅助解题方法。第六到八节分别讲路线 B 的三种辅助方法，很容易看懂。第九到十二节重点讲解路线 B 并行的两种基本方法，这是数独游戏的精髓，比较复杂些，如果读者朋友一时难以理解，也可以延后补读。第十四和十五节讲路线 C 的基本方法，是本书的关键部分，比较繁琐却并不复杂，有较强的可操作性，希望读者朋友不要放弃这一部分。第十六至十八节介绍了路线 C 的三种辅助方法，可以陆续选读，以求逐个掌握。第十三和十九节归纳的三份表格有助于理解和记忆，供读者朋友对照比较。

希望老年朋友通过本书也能对数独游戏从不知到知，从不要到要，从不会到会，并且相互介绍，推动更多朋友参与到这项益寿、益智的健康游戏中来。

第二章　数独解题技巧

第一节　盘面结构

盘——即一道数独题的整体，它由八十一个格子组成，可以从三种角度分成方区、横区、纵区等各九个。盘面明示数为谜面，空格为待解的谜底，合称初始盘面。谜面加全部谜底，81 格数字齐全的称终极盘面。

宫——粗“井”字线分成的 3×3 方区，九格团在一起。各宫分别用大写字母 A～H 和“中”字作代号，如图 1-1。

第一宫 A 宫 “A”	第二宫 B 宫 “B”	第三宫 C 宫 “C”
第四宫 D 宫 “D”	第五宫 中宫 “中”	第六宫 E 宫 “E”
第七宫 F 宫 “F”	第八宫 G 宫 “G”	第九宫 H 宫 “H”

图 1-1　宫的名称和简写

行——即横区，九格一字排开。各行分别用九个大写字母 I～Q 作代号，如图 1-2。

列——即纵区，九格连成一串。各列分别用九个大写字母 R～Z 作代号，如图 1-3。

宫、行、列统称“三九”，都是盘面的三级单位。

第一行	I 行	“I”
第二行	J 行	“J”
第三行	K 行	“K”
第四行	L 行	“L”
第五行	M 行	“M”
第六行	N 行	“N”
第七行	O 行	“O”
第八行	P 行	“P”
第九行	Q 行	“Q”

图 1-2　行的名称和简写

第一列	第二列	第三列	第四列	第五列	第六列	第七列	第八列	第九列
R 列	S 列	T 列	U 列	V 列	W 列	X 列	Y 列	Z 列
“R”	“S”	“T”	“U”	“V”	“W”	“X”	“Y”	“Z”

图 1-3　列的名称和简写

格——盘面的最小单位。每个格子都归属于宫，同时兼属于另外两种小区。格的位置顺序和宫一致，用大写字母（含“中”）带小写字母（含“心”）可使每个格子都有一个固定的名称，如图 1-4。

Aa	Ab	Ac	Ba	Bb	Bc	Ca	Cb	Cc
Ad	A心	Ae	Bd	B心	Be	Cd	C心	Ce
Af	Ag	Ah	Bf	Bg	Bh	Cf	Cg	Ch
Da	Db	Dc	中a	中b	中c	Ea	Eb	Ec
Dd	D心	De	中d	中心	中e	Ed	E心	Ee
Df	Dg	Dh	中f	中g	中h	Ef	Eg	Eh
Fa	Fb	Fc	Ga	Gb	Gc	Ha	Hb	Hc
Fd	F心	Fe	Gd	G心	Ge	Hd	H心	He
Ff	Fg	Fh	Gf	Gg	Gh	Hf	Hg	Hh

A	B	C
D	中	E
F	G	H

大写字母表示宫

a	b	c
d	心	e
f	g	h

小写字母表示格子在宫内的位置

图 1-4　格的固定名称及其构成

幅——同排相连的三宫为一幅，是盘面的二级单位。全盘纵横都分为三幅，共有六个名称。

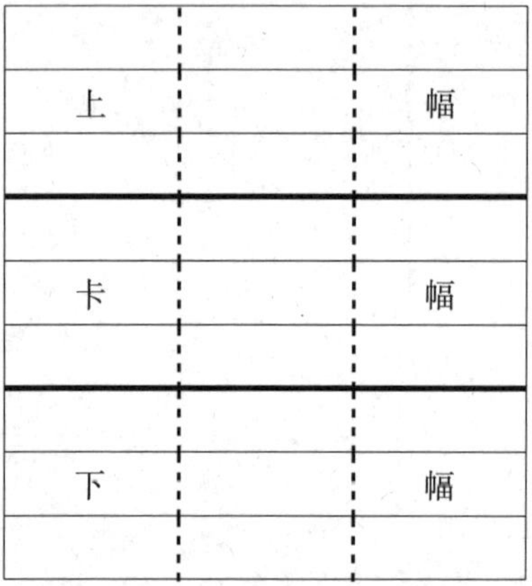

图 1-5　从上到下三个横幅

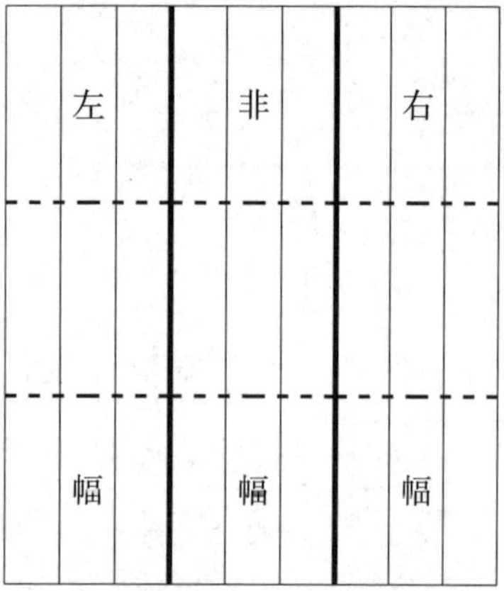

图 1-6　从左到右三个纵幅

全盘分成三个横幅，用“卡”字代替中字。每个横幅可以看成包含三个宫或三个行，如图 1-5。

全盘分成三个纵幅，用“非”字代替中字。每个纵幅可以看成包含三个宫或三个列，如图 1-6。

每个宫纵横各有两个同幅宫，简称“周边四宫”，是解题时经常要观察的特殊区域，连同本宫合称“同幅五宫”。每个数字在同幅宫内各有一个相同数，简称“周边同数”，共 4 个。

不同位置上的同幅五宫构成三种不同字形，通过不同字形很容易找到周边四宫和周边同数。可以对照图1-7、图 1-8、图 1-9，熟练地认识它们。这对今后提高解题速度有很大作用。

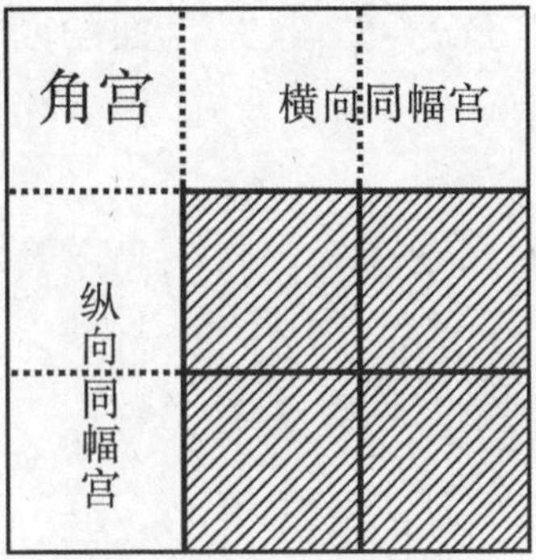

图 1-7　角宫的同幅五宫

每个角宫(A、C、F、H)和周边四宫构成 L 字形,如图 1-7。

阴影部分不属于同幅宫范围。

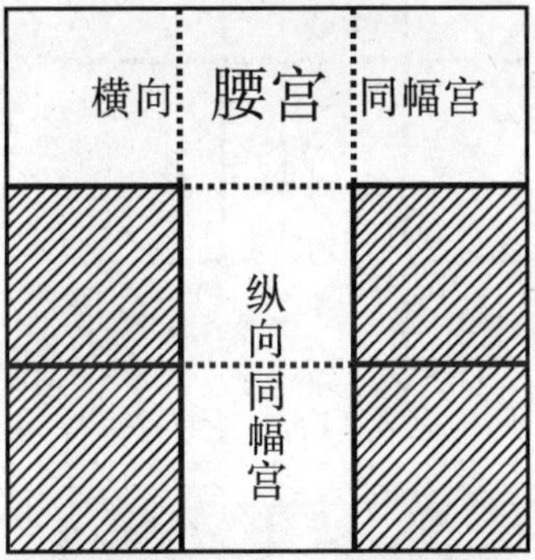

图 1-8　腰宫的同幅五宫

每个腰宫(B、D、E、G)和周边四宫构成 T 字形,如图 1-8。

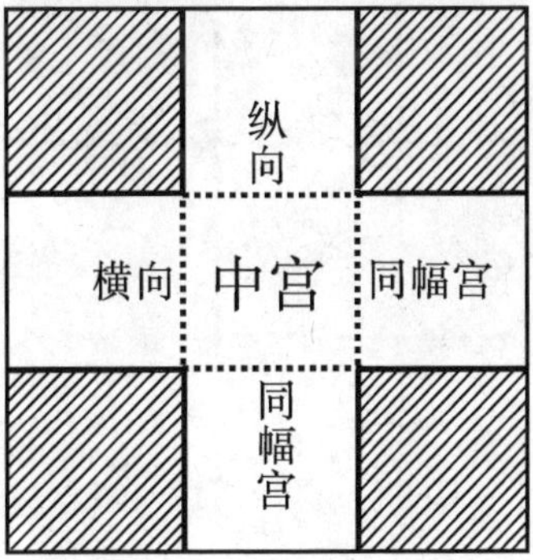

图 1-9　中宫的同幅五宫

中宫和周边四宫构成十字形,如图 1-9。

段——同排相连且不跨幅的三格为一段，是盘面的四级单位。宫可以分成三个横段或三个纵段，共有六个名称。行分成三个横段，列分成三个纵段。

每个段都兼属于两种小区，有两个名称。宫内横段兼属于行，纵段兼属于列，行和列的段必定兼属于宫，行列之间不会有兼属。其相互关系见图 1-10、1-11、1-12、1-13。

图 1-10　宫内三个横段

图 1-11　宫内三个纵段

图 1-12　行内三个横段

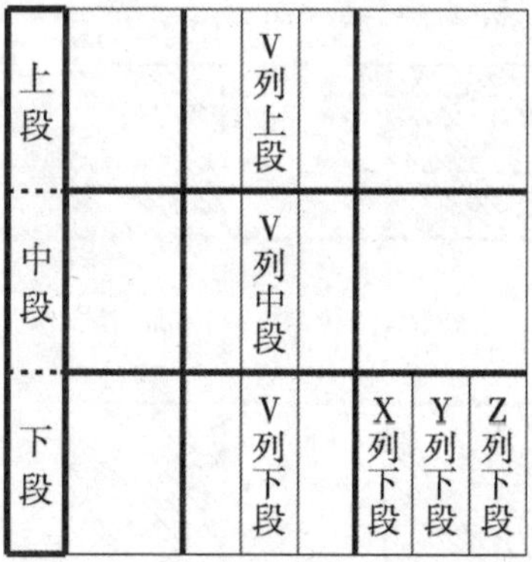

图 1-13　列内三个纵段

第二节　寻找死角

按照小区内九个数字不重不漏的要求，每个数字在小区内只许也必须出现一次。这个规律决定了全盘数字的依存关系，每个数字既是权威的排除者，在它的排除范围内绝不许同数插足，又必须完全避开周边同数的排除，栖身于别无选择的死角内。如图 2-1。

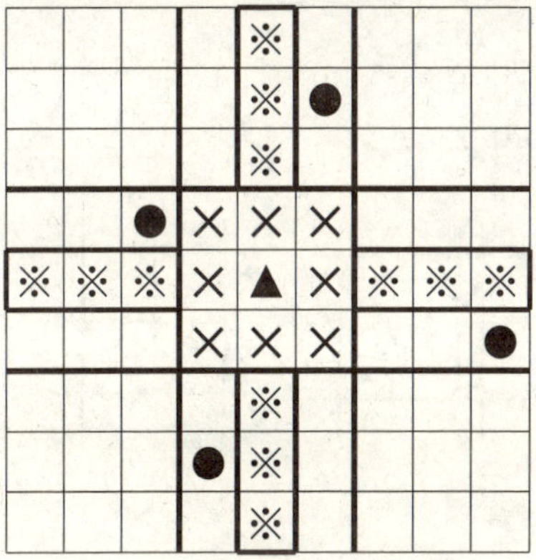

▲宫内某数，拥有排除范围 20 格。

×宫内排除 8 格。

※宫外排除 12 格，即相关四段。

●周边同数共 4 个，共同对该宫排除 8 格。

▲宫内唯一不受排除的死角，即某数所在地。

图 2-1　宫内外数字的依存关系

宫外排除的 12 格包括行内两横段和列内两纵段，简称“相关四段”，也是经常要观察的特殊区域。

某数的四个周边同数尚未全部出现时，暂时看来不受排除的空格都称“排余格”，简称“排余”，必须是唯一排余才是某数的死角。找到死角就能判定谜底，于是，通过唯一排余寻找死角就成了解题的关键。

本节只讲在宫内寻找死角的方法，要观察周边同数对本宫的排除情况，具体可以归纳成六种方式：

1. 四围捉鳖——空格在五至九个范围内，只要四个周边同数齐全，必能找到死角，如图 2-2：

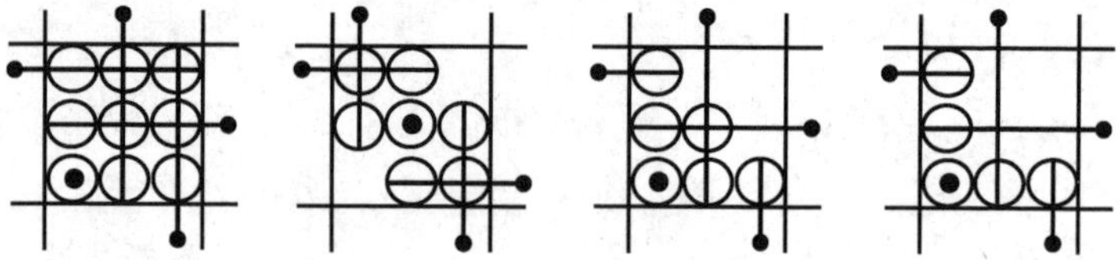

图 2-2　宫内四围捉鳖形态举例

2. 三指捡螺——空格在四至八个范围内，适当位置上三个同数就能找到死角，如图 2-3：

图 2-3　宫内三指捡螺形态举例

3. 双管齐下——空格在三至七个范围内，一侧或两侧适当位置两个同数就能找到死角，如图 2-4：

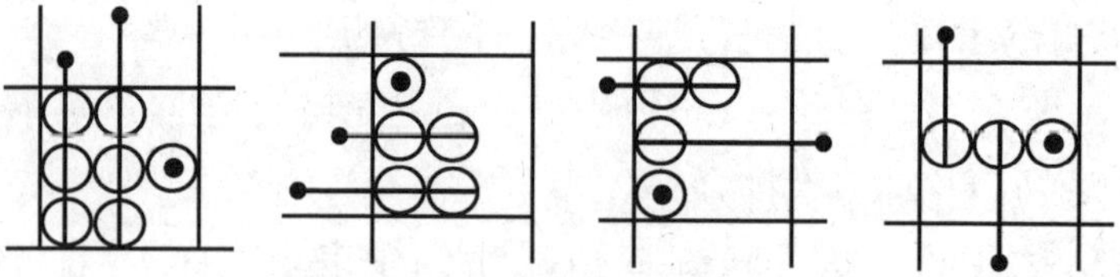

图 2-4　宫内双管齐下形态举例

4. 横冲直撞——空格在三至六个范围内，纵横两边适当位置上两个同数也能找到死角，如图 2-5：

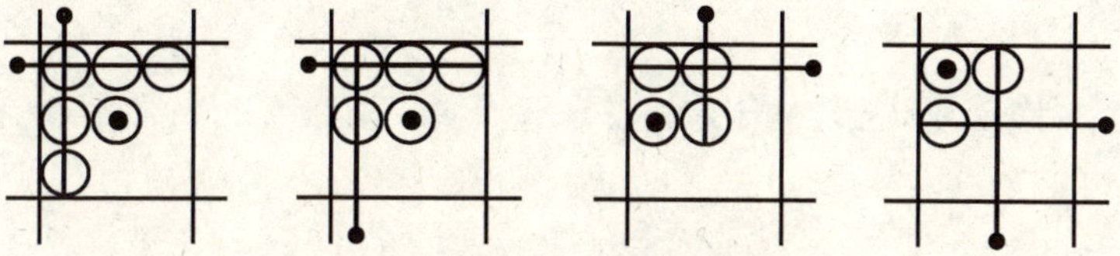

图 2-5　宫内横冲直撞形态举例

5. 一口咬定——空格在两至四个范围内，适当位置上一个同数就能找到死角，如图 2-6：

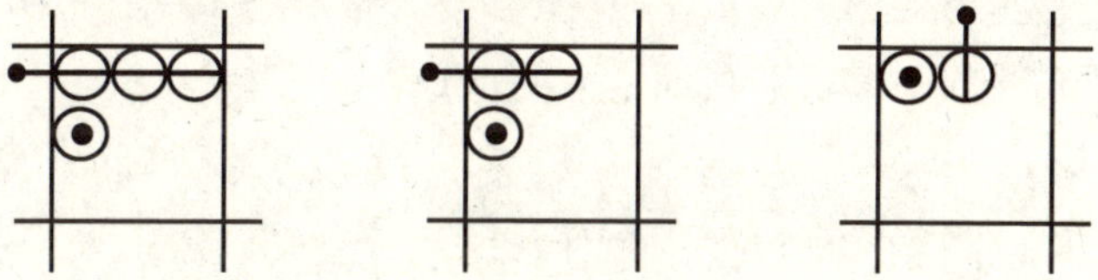

图 2-6　宫内一口咬定形态举例

○空格（宫内没有空格符号的位置为已定格）

• 周边同数　　•—— 排除范围　　⊙死角（原为空格）

6. 天然死角——如果只剩下一个空格，成为天然死角，不必观察周边同数，可以直接判定谜底。

由于盘面数字具体位置的变动，还有很多变化形态无法一一列举，因此只能在操作中逐步加深认识。

如果周边同数一个也没有出现，所有空格都成为排余。在这种情况下，除了天然死角外，暂时没办法找到死角。

第三节　同数扩展

解数独题共有三条路线，它们都有特定的解题方式和多种解题方法。对同一道题，可以有不同的解题过程，而答案却是唯一的。殊途同归是数独的显著特点。

从本节起介绍解题路线 A。路线 A 从已知数出发，解题方式和基本方法都称同数扩展，一律以宫为单位进行，在尚无此数的宫内寻找死角判定谜底。此法比较轻松，适宜反复进行。首轮最好普遍观察，每个数每个宫都不放过，第二轮起可根据熟练程度有选择地进行。

从本节起，单独的一位数字一律表示代码而非数量，表示十以内数量则一律使用方块汉字或带量词。

4	2		1	5		×	×	×
	1					×	5	×
			7	3		△	×	△
▲	3	9	2					6
×	6	×		1			9	
2	×	×			7	4	1	
×	×	△	×	7	6	△	×	△
×	5	△	×	×	▲	×	6	×
×	×	△	×	2	8	△	3	5

图 3-1　同数扩展例题及分析

× 受排格　　△ 排余格

▲ 唯一排余即死角

4	2		1	5				
	1						5	
			7	3				
1	3	9	2					6
7	6	4		1			9	
2					7	4	1	
			5	7	6			
	5				1		6	
				2	8		3	5

图 3-2　第一轮扩展结束

现在以图 3-1 为例:按从小到大的习惯顺序先扩展 1。五个宫内尚无此数,按从左到右、从上到下的习惯顺序先观察 C 宫。1 在 C 宫已定一格,受排六格,排余二格,格式化叙述为"1C 定一排六余二"。其中定、排、余三数总是合成九,便于凸现唯一排余。1D 定四排四余一,可判谜底,用 Da①表示;1F 定一排五余三;1G 定四排四余一,判 Ge①;1H 定三排三余三。这样下去,首轮能判五个谜底,成图 3-2。下框内记录的操作过程用作解题指南:

1(CDFGH):C 余二　Da①　F 余三　Ge①　H 余三
2(BCEFH):B 余二　C 余五　E 余二　F 余二　H 余五
3(AC 中 EFG):A 余三　C 余四　中余三　E 余三　F 余四　G 余二
4(BCD 中 FGH):B 余四　C 余三　De④　中余二　F 余二　G 余四　H 余三
5(AD 中 EG):A 余二　D 余二　中余四　E 余二　Ga⑤
6(ABC 中 F):A 余五　B 余二　C 余三　中余二　F 余二
7(ACDEFH):A 余三　C 余五　Dd⑦　E 余二　F 余三　H 余三
8(ABCD 中 EFH):A 余六　B 余二　C 余八　D 余二　中余四　E 余五　F 余五　H 余五
9(ABC 中 FGH):A 余三　B 余五　C 余六　中余二　F 余五　G 余三　H 余五

其中:开头是扩展的数;括号内是无此数的宫;后面是排余或判定。

同数扩展的观察思考顺序如下：

1. 明确扩展哪个数；

2. 明确哪些宫尚无此数；

3. 该数在各宫排余几格，有无唯一排余；

4. 唯一排余即死角，可以判定谜底。格子名称后面数字加圈是本书表示判定谜底的固定格式。

判定谜底后，增加了已知条件，有可能在别的宫内找到新的死角，所以要多做回头观察回头判。

第二轮按如下操作，可得 8 个谜底，成图 3-3。

1（CFH）：C 余二　F 余二　H 余三
2（BCEFH）：B 余二　C 余五　E 余二　F 余二　H 余五
3（AC中EFG）：A 余三　C 余四　中余三　E 余三　F 余四　Gd③　【中e③ Eh③】
4（BC中FGH）：B 余四　C 余三　中余二　F 余二　G 余二　H 余三
5（AD中E）：A 余二　Dh⑤　中c⑤　Ed⑤　【Af⑤】
6（ABC中F）：A 余四　B 余二　C 余三　中余二　F 余二
7（ACEFH）：A 余二　C 余五　E 余二　F 余三　H 余三
8（ABCD中EFH）：A 余五　B 余二　C 余八　Dg⑧　中余二　E 余三　F 余四　H 余五
9（ABC中FGH）：A 余二　B 余五　C 余六　中余二　F 余五　G 余二　H 余五

其中：方括号内是回头判。

第三轮按如下操作能得 13 个谜底,成图 3-4。

1（CFH）：C 余二　F 余二　H 余三
2（BCEFH）：B 余二　C 余五　Ee②　F 余二　H 余三
3（ACF）：A 余三　C 余二　F 余二
4（BC中FGH）：B 余四　C 余三　中b④　F 余二　Gf④
　　H 余三　【Fb④ He④ Cg④ Be④】
6（ABC中F）：A 余四　B 余二　C 余三　中余二　F 余二
7（ACEFH）：A 余二　C 余五　E 余二　F 余三　H 余二
8（ABC中EFH）：A 余四　B 余二　C 余七　中d⑧
　　E 余二　F 余四　H 余四　【B心⑧】
9（ABC中FGH）：A 余二　B 余三　C 余六　中余二
　　F 余四　G心⑨　H 余三　【中f⑨　中g⑥　Bd⑥】

4	2		1	5				
							5	
5			7	3				
1	3	9	2		5			6
7	6	4		1	3	5	9	
2	8	5			7	4	1	3
			5	7	6			
	5		3		1		6	
				2	8		3	5

图 3-3　第二轮扩展结束

4	2		1	5				
	1		6	8	4		5	
5			7	3			4	
1	3	9	2	4	5			6
7	6	4	8	1	3	5	9	2
2	8	5	9	6	7	4	1	3
	4		5	7	6			
	5		3	9	1		6	4
			4	2	8		3	5

图 3-4　第三轮扩展结束

天然死角可以随见随定,但是为了不打乱思路,最好留到一轮结束时集中处理,并且通过回头观察,对一个数连续追踪，往往能带出很多谜底来。

以上三轮操作过程还可以简化成只记录谜底的判定过程，同样能作为解题指南：

第一轮：Da① Ge① De④ Ga⑤ Dd⑦
第二轮：Gd③ 中e③ Eh③ Dh⑤ 中c⑤ Ed⑤ Af⑤ Dg⑧
第三轮：Ee② 中b④ Gf④ Fb④ He④ Cg④ Be④ 中d⑧ B心⑧ G心⑨ 中f⑨ 中g⑥ Bd⑥

这样扩展下去，第四轮可判定 23 个，第五轮可判定最后的 5 个，单用此法就能解完全题。

下面列出后续的判定过程之一供参考，读者朋友也可以通过不同过程得到同样的答案，试试看。

第四轮：Bh② Cd② Hb② Fe② Ca③ Cf⑥ Ac⑥ Ff⑥ Ae⑦ Fg⑦ Hd⑦ Eb⑦ Cc⑦ Ah⑧ Cb⑧ Ea⑧ Hc⑧ Fd⑧ Bc⑨ Fa⑨ Ag⑨ Ce⑨ Hf⑨
第五轮：Ch① Ha① Fh① Ad③ Fc③

全部答案的终极盘面见第 115 页。

第四节　幅内扩展

读者朋友在初学时可能不习惯在大盘上做同数扩展，可以采用较简单的办法，分散到幅内去做，称幅内扩展，用它来替代前法，或者和前法结合运用。

幅内扩展只在一个幅内对尚无此数的宫做扩展，操作面也从九宫缩小到了三宫，降低了难度，但是同样要通过全盘的周边同数找出唯一排余（死角）来判定。这样会增加重复观察过程，总的作业时间却会延长。不过随着幅内三宫齐现的数字越来越多，实际需要观察的数字会越来越少，做一轮扩展也会越来越快。

幅内扩展可以按上、卡、下、左、非、右的次序在六个幅内全面进行；也可以只在横向或纵向的三个幅内单向进行；或者任选几个已定格较多的幅重点进行；还可以和普通的同数扩展相机结合个别进行。

幅内扩展也需要在一个幅内一轮又一轮地反复进行，直到幅内找不到死角为止；也可以随时换幅，包括在已经观察过的幅内重复进行。

现在以图 4-1（谜面与图 3-1 相同）来说明解题过程。本例可以选择已定格较多的非幅重点进行两轮操作。请对照框内的操作过程仔细琢磨。

4	2		1	5				
	1						5	
			7	3				
	3	9	2					6
	6			1			9	
2					7	4	1	
				7	6			
	5						6	
				2	8		3	5

图 4-1　幅内扩展例题

非一　1（G）：Ge①

2（B）：B 余二

3（中G）：中余三　G 余二

4（B中G）：B 余四　中余四　G 余四

5（中G）：中余四　Ga⑤

6（B中）：B 余二　中余二

8（B中）：B 余二　中余四

9（B中G）：B 余五　中余二　G 余三

非二　2（B）：B 余二

3（中G）：中余三　Gd③　【中e3】

4（B中G）：B 余四　中余三　G 余二

5（中）：中c⑤

6（B中）：B 余二　中余二

8（B中）：B 余二　中余四

9（B中G）：B 余五　中余二　G 余二

非幅两轮共判定了 5 个谜底,成图 4-2。现在非幅已经找不到一个死角,应该换幅进行。

假如换到已定格最多的卡幅,反复两轮可得 10 个谜底,成图 5-3,判定过程如下:

卡一:Da① Eh③ De④ 中 b④ Ed⑤ Dh⑤
Dd⑦ Dg⑧ 中 d⑧
卡二:Ee②

4	2		1	5				
	1						5	
			7	3				
	3	9	2		5			6
	6			1	3		9	
2					7	4	1	
			5	7	6			
	5		3		1		6	
				2	8		3	5

图 4-2　非幅两轮结束

4	2		1	5				
	1						5	
			7	3				
1	3	9	2	4	5			6
7	6	4	8	1	3	5	9	2
2	8	5			7	4	1	3
			5	7	6			
	5		3		1		6	
				2	8		3	5

图 4-3　卡幅两轮结束

卡幅也没有死角了,现在可以有三种选择:

1. 再换幅(重复不限)继续做幅内扩展;

2. 回到或进入普通的同数扩展;

3. 转入其他路线。其实,喜欢快节奏的读者早就可以转入路线 B,顺利解完全题。反正路线 A 和 B 可以反复自由转换。

不管作任何选择,答案与图 3-1 全同(第 115 页)。

第五节　间接扩展

现在专篇介绍一种较为曲折的辅助方法——间接扩展，此法并非本书提倡之内容，读者完全可以跳过不读。

以图 5-1 为例，要在盘上扩展 3，用普通的同数扩展法观察的结果是：A 余三，C 余五，中余三，E 余三，F 余六，G 余三，H 余七，都无死角，无法判定。

但是看到 3 在 G 宫的三个排余格都归集在左段，由此可以肯定谜底必在其中，把它们看做准谜底，可以用特小字偏位写在一角。不论花落谁家，都能预见可以排除中宫两格，变成 3 中定三排五余一，判中 e③，并且带出 Eh③，如图 5-2。

4	2	△	1	5		△	△	△
△	1	△				△	5	△
×	×	×	7	3		×	×	×
1	3	9	2	×	×	×	×	6
	6		△	1	△	△	9	△
2			△	×	7	4	1	△
△	×	△	△	7	6	△	△	△
△	5	△	△	×	1	△	6	△
△	×	△	△	2	8	△	△	5

图 5-1　同数扩展无死角

4	2		1	5				
	1						5	
			7	3				
1	3	9	2	×	×	×	×	6
	6		※	1	▲	※	9	※
2			※	×	7	4	1	▲
			^{3}	7	6			
	5		^{3}	×	1		6	
			^{3}	2	8			5

图 5-2　间接扩展可判定

× 受排空格　　△排余格　　^{3}准谜底　　※预见受排空格　　▲死角

如果不用此法，那些谜底稍后都能判定，不必如此转弯抹角。所以此法是否要学，可由各人自定。

如果某数在某宫的排余只有两格，只要已归集到了一个段，也都可以运用这种间接扩展的办法。

有时要经过多重间接才能获得一个谜底。例如要在图5-3 扩展 6，先发现 B 宫排余两格都在下段，可排除 A 宫两格，又发现 D 宫排余三格都在非段，可再排除 A 宫一格，变成 6A 定二排六余一，判 Ad⑥。

5	×	×	×	×	×		6	1
▲	※	4	8	1	×		3	2
※	※	×	6	6	×			
4	6	5	2		8			3
3	6	×		7	1	2	4	5
2	6	×	5	3	4			8
	4							6
8	5		1	4	6	7	2	
1	2	6						4

图 5-3 多重间接扩展例题

	2		5		3			
	6		8		7	3	2	
7	3						4	8
3	7	1				4	6	2
6						8	3	7
4	8	2				9	5	1
2	4						8	3
	1		2		5		9	
			7		4	2		

图 5-4 间接扩展习题

这样迂回曲折地提早获得几个谜底，从解题效率上考虑不一定可取，然而这正是数独游戏的迷人之处，可谓其乐融融，有兴趣的朋友可以一试。

图 5-4 在普通的同数扩展中只能得到 2 个谜底，而结合间接扩展可以得到 8 个谜底，实在是很有趣，您想试试吗？（答案见第 117 页）

第六节　单空铁定

从本节起介绍解题路线B。路线B从未知的缺数或空格出发，采用三九补缺的方式，对不同局面有不同的解题方法。路线B可以和路线A自由转换，必要时再转入别的路线，也可能单用此路线解完全题。

三九补缺在宫、行、列内都可以同时进行，称三九互动。所得谜底一律归属在宫内表示。操作时按空格数量分成各种局面，应对的态度和运用的方法都不同，请看右边一段顺口溜：

一八悠悠慢慢来，
二七磨刀不着急，
三六备战要耐心，
四五待命出奇兵。
五四主力建大功，
六三骨干带头冲，
七二决战多双定，
八一铁定插红旗。

其中：首数是已定格个数，第二数是空格个数。

前四句指多空局面暂不关注，等其自然缩减。本书不提倡多空补缺，读者可自己酌定。

后四句要倒着来：单空局面铁定无疑；双空局面要区别对待；三空四空是常态，称常空，是补缺的重点，其解题方法同样适用于多空局面。

单空即八一局面，也是天然死角，其谜底不言自明，故称铁定，是最省力的方法。过去在同数扩展后已经用过，今后只在三九补缺收尾时使用。

	R	S	T	U	V	W	X	Y	Z
I	4	2		1	5				
J		1		□	8	4		5	
K	5			7	3			4	
L	1	3	9	2	4	5			6
M	7	6	4	8	1	3	5	9	2
N	2	8	5	9	□	7	4	1	3
O		4		5	7	6			
P		5		3	9	1		6	4
Q				4	2	8		3	5

图 6-1　单空铁定例题

□八一局面中的单空格

图 6-1 盘面存在两个八一局面：Bd 格只在列内呈现单空，中 g 格却在三种小区都是单空。它们的单项操作过程如下：

U 列(6)：Bd⑥
中宫、N 行、V 列、(6)：中g⑥

其中：开头是补缺的小区；括号内是所缺的数；后面是判定谜底。

	R	S	T	U	V	W	X	Y	Z
I			6		1		2	8	7
J	8	7	1		5		6	4	
K	2	3	4	8	7	6	9	5	□
L			2	1			7	6	8
M	6		8	7		5		9	4
N	7	4	9	6		8	5	□	
O		8	5			7	4	2	6
P		6	7		8		□	3	5
Q		2	3	5	6		8	7	9

图 6-2　单空铁定习题

图 6-2 盘面存在三个八一局面，在连续操作中可以七次铁定，请试试看。(答案见第 119 页)

凡能用同数扩展带单空铁定解答的题，本书都归入 A 类。

第七节　双空双定

双空即七二局面。两个空格内安置两个数，非此即彼，只要确定一个就能带定另一个，故称双空双定。但是这第一个数可不能随意填写，必须按唯一排余的标准找到死角才行。如果甲空格不是甲数的死角，就只能填入乙数，而把甲数填到乙空格去。

图 7-1 盘面存在六个七二局面：

	R	S	T	U	V	W	X	Y	Z
I			5		9		6		
J		9	e	6	4		f	1	
K	d	6	7	8	1	3	2	d	9
L	6	4	1	b	2	b	3	9	
M	a	a	9	1	3	6	f		
N	7	2	3	9	8	4	5	6	1
O			6	4	7	9	1		
P		3	e	c	6	8	9	7	
Q	9		8	3	5	c	4		6

图 7-1　双空双定例题

a a 成对的双空格

a. D 宫缺 5、8，无死角。
b. 中宫缺 5、7，无死角。
c. G 宫缺 1、2，可双定。
d. K 行缺 4、5，可双定。
e. T 列缺 2、4，可双定。
f. X 列缺 7、8，无死角。

以上六个双空局面的单项操作过程如下：

D 宫(5、8)：5 余二　8 余二

中宫(5、7)：5 余二　7 余二

其中：开头是补缺的小区；括号内是所缺的数；后面是排余几格。

G 宫(1、2) Gh①和 Gd②
K 行(4、5) Af④和 Cg⑤
T 列(2、4) Ae②和 Fe④
X 列(7、8) 7 余二　8 余二

其中:两个谜底用“和”字连结表示双空双定。

在实际解题的连续操作中,经过以上判定后,又会出现新的双空局面,而且越到后期,双定的可能性越大。本例题连续用此一法就能判定全部谜底,但是操作过程不一定相同。下面简录一种判定过程供参考:

Fd①和 He⑤	Hg②和 Fg⑦	中a⑤和 Ba⑦
Bc②和 Be⑤	Fa②和 Fb⑤	中c⑦和 Ec⑧
Dd⑤和 D心⑧	Ed⑦和 Cd⑧	Ee②和 E心④
Hc③和 Hb⑧	Ad③和 Aa⑧	Cc④和 Ce⑦
Ab①和 Cb③		

本例题最终答案见第 121 页。

双空双定两个谜底相依确定,一举两得,而且使用机会很多,实在是一种最高效的解题方法。

进入路线 B 以后,首先应关注有无双定机会,今后在常空补缺时也应注意别错过双定机会。

第八节　双记复定

对于无法双定的双空局面就要分两步来处理。

图8-1的E宫是个双空，缺7和8，无法判定，但是这两格必须填入这两个数，于是双双暂记两数，用较小字体写在上部两角，如图8-2。双记并未判定谜底，双记格仍按空格看待，随时准备复定。

	R	S	T	U	V	W	X	Y	Z
I	4	2		1	5				
J		1						5	
K	5			7	3				
L	1	3	9	2		5			6
M	7	6	4	8	1	3	5	9	2
N	2	8	5			7	4	1	3
O				5	7	6			
P		5		3		1		6	
Q					2	8		3	5

图8-1　双记例题

双记虽然没有判定谜底，但是它们联合承包了两格谜底，使L行成为实际上的单空，可铁定中b④：

E宫(7、8)：[7·8]
L行(4、[7·8])：中b④

其中：开头是补缺的小区；括号内是所缺的数；框内两数间加圆点表示双记。括号后的双记符号是一个操作步骤，括号内的双记符号表示减少了实际空格。

现在中宫也变成了双空，缺6和9，但是找不到死角，就可以双记。如果认为记在心中就行，也可以免记，但是必须多加留意，以避免错过复定机会。

图8-1的G宫也是个双空，缺4和9，原来并无死角，由于中b格的判定，出现了4的死角，就可以双定，并且由此可以复定中宫的双记。复定时用横线划去双记数字，重写复定数字，如图8-2。

	R	S	T	U	V	W	X	Y	Z
I	4	2		1	5				
J		1						5	
K	5			7	3				
L	1	3	9	2	4	5	7 8	7 8	6
M	7	6	4	8	1	3	5	9	2
N	2	8	5	~~6 9~~ 9	~~6 9~~ 6	7	4	1	3
O				5	7	6			
P		5		3	9	1		6	
Q				4	2	8		3	5

图8-2　双记复定作业全貌

以上的连续操作过程如下：

中宫(6、9)：[6·9]
G宫(4、9)：Gf④和G心⑨
中宫([6·9])：中g⑥和中f⑨

至此，E宫的双记还没法复定，目前仍按空格看待。

从上面实例可以看出双记的两大间接作用：

1. 减少实际空格数，使别的格子提前判定。
2. 缩小未定谜底范围，有利于及早复定。

第九节　缺数定格

三空以上局面包括常空和多空，统称群空。对群空补缺都要灵活运用“缺数定格”和“空格定数”并行的两种基本方法，简称群空两法，也就是常空两法。两法的思考方式不同，在三种小区内操作的细节各有差异，形成了六种类型，本书将分四节作单项讲解。图 9-1 是这四节的共同例题，本节只讲**宫内缺数定格**。

缺数定格是逐个缺数在这些空格中寻找死角来确定其位置，相当于在一个宫内连做几个数的扩展。

盘面有六个宫存在常空局面，如果从三空入手，观察思考比较简单，若从四空入手，有望一举多得，两法各具优势。为便于讲解，特选四空的中宫为例。中宫已定五格，缺3、6、8、9 四数，逐个缺数观察其排余：3 中定五排三余一，判中e③；还缺 6、8、9 三数，6 中定六排二余一，判中g⑥；还缺 8 和 9，可以双定：

中宫(3、6、8、9)：　中e③　(6、8、9)　中g⑥ (8、9)　中d⑧和中f⑨

其中：第一个括号内是缺数；后面括号内是逐步减少的缺数。

在操作过程中标明逐步减少的缺数是为了避免漏判。实际操作时也要把逐步减少的缺数默记在心中。

缺数定格的顺序为：

1）哪个区补缺？

2）区内缺哪几个数？

3）逐个缺数在该区排余几格，有无唯一排余？

4）唯一排余即死角，可判定谜底。

	R	S	T	U	V	W	X	Y	Z
I	4	2		1	5		3		
J		1		6			2	5	9
K	5			7	3	2	6	4	
L		3	9	2	4	5			6
M	7				1			9	
N	2		5			7	4	1	
O		4			7				8
P		5		3		1		6	4
Q					2	8		3	5

图 9-1 宫内缺数定格

特别注意：在宫内寻找死角要观察的区域是周边四宫的全部，跟后面五种类型各有差别。

盘面还有一些常空的宫，请反复单项操作，以求练好基本功。下面列出操作过程供参考：

B 宫(4、8、9)：Be④ (8、9) B心⑧和 Bc⑨

C 宫(1、7、8)：Ch① (7、8) Cc⑦和 Cb⑧

D 宫(1、4、6、8)：Da① (4、6、8) De④ (6、8)
6·8

G 宫(4、5、6、9)：Gf④ (5、6、9) Ga⑤ (6、9)
Gc⑥和 G心⑨

H 宫(1、2、7、9)：1 余二 Hb② (1、7、9) 1 余二
7 余二 9 余三

读者朋友还可以试试从任一局面开始连续操作，终极盘面与图 3-1 相同(答案借见第 115 页)。

第十节　空格定数

本节同样只讲**宫内空格定数**。做空格定数必须抛开排余和死角的概念，换一种方式来思考。

在空格内填数好比为其确认唯一合法的主人（暂称“格主”），必须保持相关四段内不重不漏。为此，要精确瞄准行内两横段和列内两纵段，观察缺数的出现情况：凡已现缺数都不能用，未现缺数超过一个就无法确定，必须是唯一未现的缺数才能填入该空格。所以，通过唯一未现找格主是解题的又一关键。

空格定数是逐个空格从所有缺数中寻找格主作谜底。对照图 10-1（即图 9-1），仍以中宫为例。中宫已定五格，缺 3、6、8、9 四数，仍按位置的习惯顺序进行。中d 格行内已现 9，列内已现 3 和 6，只是 8 未现，格式化叙述为“中d 定五现三未一”，判中 d⑧。其中定、现、未三数总是合成九，能凸现唯一未现找到格主。还缺 3、6、9 三数，中e 定六现一未二；中 f 定六现二未一，判中 f⑨。还缺 3 和 6，可双定：

中宫(3、6、8、9)：中d⑧　(3、6、9)　中e 未二　中 f⑨ (3、6)　中e③和中g⑥

其中：唯一未现直接写判定的谜底；未现大于一写未现个数。

空格定数的顺序：
一、哪个区补缺；
二、区内缺哪几个数；
三、逐个空格的相关四段已现哪几个缺数，未现哪几个缺数，有无唯一未现；
四、唯一未现即格主，可以判定谜底。

	R	S	T	U	V	W	X	Y	Z
I	4	2		1	5		3		
J		1		6			2	5	9
K	5			7	3	2	6	4	
L		3	9	2	4	5			6
M	7				1			9	
N	2		5			7	4	1	
O		4			7				8
P		5		3		1		6	4
Q					2	8		3	5

图 10-1　宫内空格定数

特别注意：在宫内寻找格主要观察的区域是相关四段，只是周边四宫的一部分，比前法略小。

盘面还有一些常空的宫，单项操作过程如下：

B 宫（4、8、9）：Bc⑨　（4、8）　Be④和 B心⑧

C 宫（1、7、8）：Cb 未二　Cc⑦（1、8）　Ch①和 Cb⑧

D 宫（1、4、6、8）：Da 未二　D心未二　De 未三　Dg 未二

G 宫（4、5、6、9）：Ga 未二　Gc 未二　G心⑨　（4、5、6）
Ga⑤　（4、6）　Gf④和 Gc⑥

H 宫（1、2、7、9）：Ha 未二　Hb②　（1、7、9）
Ha 未二　Hd 未二　Hf 未三

为了练好基本功，须对以上局面反复练习，特别要练习在综合操作中把两法结合起来随机灵活运用。（答案借见第 115 页）

第十一节　行内补缺

用群空两法在行内补缺跟宫内补缺相比，有一些显著差别。如图 11-1。

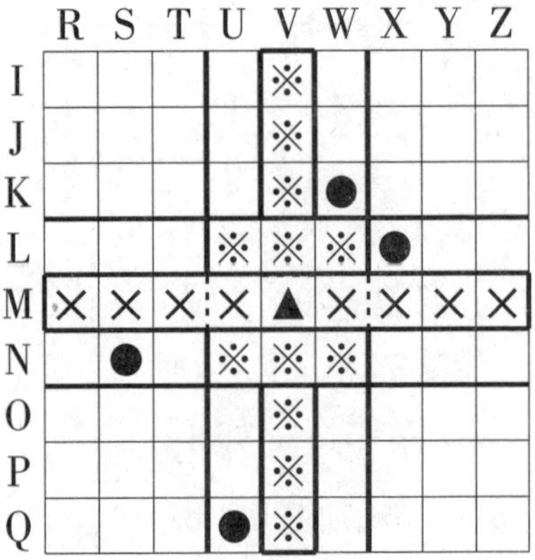

▲行内某数，拥有排除范围 20 格。

×行内排除 8 格。

※行外排除 12 格，即相关四段（宫内两横段、列内两纵段）。

●周边同数共 4 个，共同对该行排除 8 格。

▲唯一排余（死角）即某数所在地。

图 11-1　行内外数字关系

先看行内某格的相关四段都集中在纵幅三宫内。

再看行内寻找死角的方法，九格排成一横行，没有横冲直撞，只有五种方式：

1. 四围捉鳖——空格在五至九个范围内，只要四个周边同数齐全，必能找到死角，如图 11-2。

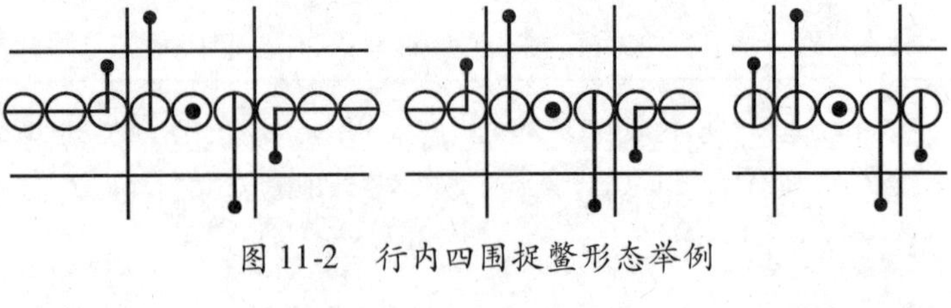

图 11-2　行内四围捉鳖形态举例

2．三指捡螺——空格在四至八个范围内，适当位置上三个同数就能找到死角，如图11-3。

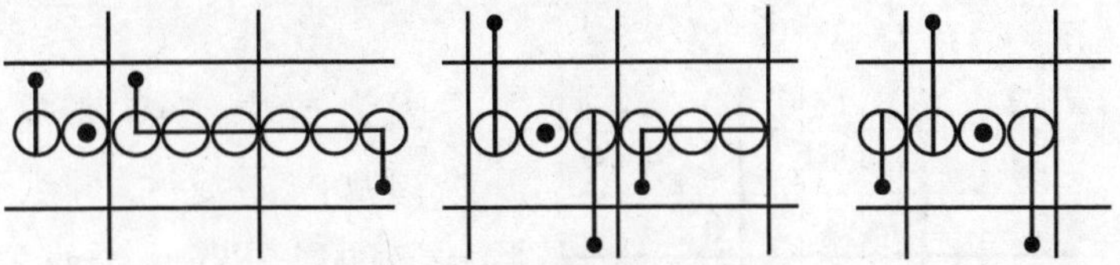

图11-3　行内三指捡螺形态举例

3．双管齐下——空格在三至七个范围内，一侧或两侧适当位置上两个同数就能找到死角，如图11-4。

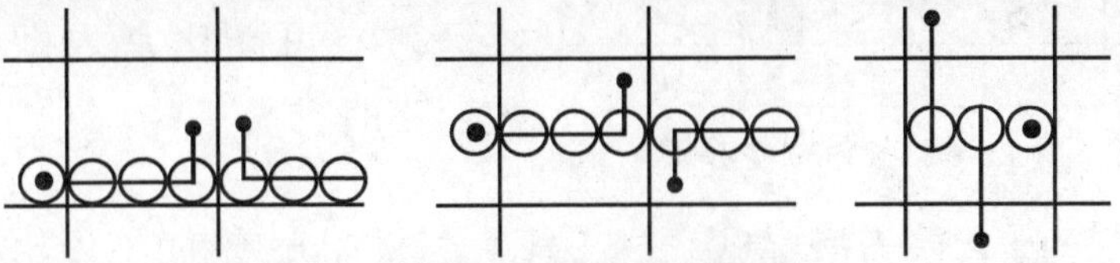

图11-4　行内双管齐下形态举例

4．一口咬定——空格在二至四个范围内，适当位置上一个同数就能找到死角，如图11-5。

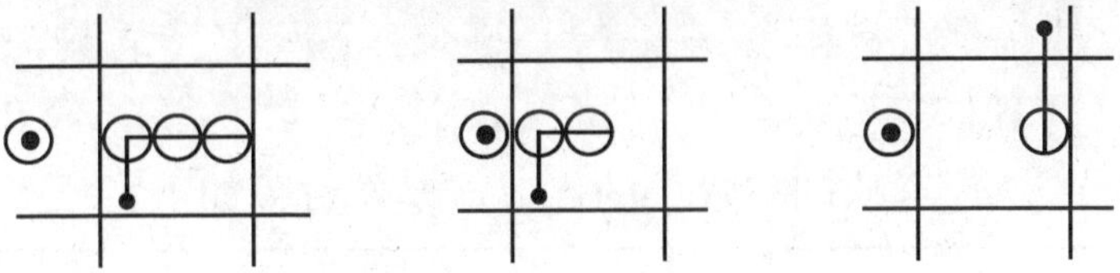

图11-5　行内一口咬定形态举例

○空格（行内没有空格符号的位置为已定格）　●周边同数　●——排除范围　◉死角（原为空格）

5．天然死角——唯一空格直接判定。

现在对照图 11-5(即图 9-1)来解说。

先说行内缺数定格。

	R	S	T	U	V	W	X	Y	Z
I	4	2		1	5		3		
J		1		6			2	5	9
K	5			7	3	2	6	4	
L		3	9	2	4	5			6
M	7				1			9	
N	2		5			7	4	1	
O		4			7				8
P		5		3		1		6	4
Q					2	8		3	5

图 11-6　行内常空补缺

因为行内空格都要避开纵幅宫内同数的排除，这些空格如果分跨几个纵幅，就要对每个缺数分幅观察排除情况，合起来是唯一排余才能判定为谜底，所以观察区域有可能比宫内做缺数定格时扩大一些。

以 P 行为例，已定五格，缺 2、7、8、9 四数，四个空格分布在三个纵幅内。逐个缺数来观察：2 在左幅受排一格，排余一格，在非、右幅都被排除，共排余一格，格式化叙述为“2P 定五排三余一”，判 Fe②；还缺 7、8、9 三数，7 在左、非幅都没有排余，在右幅是排余，就是 7P 定六排二余一，判 Hd⑦；还缺 8 和 9，可以双定。一举取得全部四个谜底，体现了从四空入手的优势。操作过程如下：

P 行(2、7、8、9)：Fe②　(7、8、9)　Hd⑦
(8、9)　Fd⑧和 G心⑨

再说行内空格定数。

因为行内空格的相关四段都集中在一个纵幅，在那个纵幅找到的格主就是谜底，所以每个空格只要观察一个纵幅三宫,比缺数定格法单纯得多。

四个空格按从左到右的习惯顺序观察:Fd 格宫内无缺数出现,列内已现 2 和 7,尚未出现 8 和 9,格式化叙述为“Fd 定五现二未二”,无判定;Fe 格宫内无出现,列内已现 9,未现 2、7、8,就是 Fe 定五现一未三,无判定;G心格宫内已现 2、7、8,唯一未现 9,即 G心定五现三未一,判 G心⑨;还缺 2、7、8 三数,分别单独观察的结果是:Fd 定六现二未一,Fe 定六未三,Hd 定六现二未一。这里有两个空格存在唯一未现,无论先判定谁,都能变成双空,并且都可以双定。两种操作过程分列于下:

> P 行(2、7、8、9):Fd 未二　Fe 未三　G心⑨（2、7、8）
> Fd⑧（2、7）Fe②和 Hd⑦

> P 行:(2、7、8、9:Fd 未二　Fe 未三　G心⑨（2、7、8）
> Hd⑦　（2、8）　Fe②和 Fd⑧

本例题中还有两个三空的行(K、L)和三个四空的行(I、J、N),你可以分别用群空两法练习解答,不过有的局面还不能解出全部谜底。(答案借见第 115 页,操作过程参见第 42、43 页)

第十二节　列内补缺

列内常空补缺跟行内补缺相比，只有方向的变化。

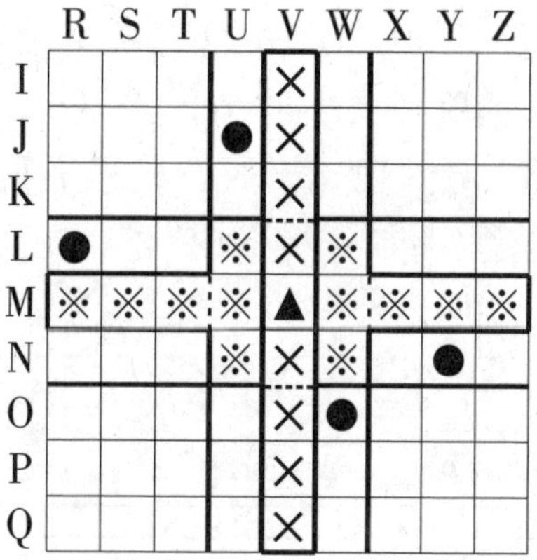

▲列内某数，拥有排除范围20格。

×列内排除8格。

※列外排除12格，即相关四段。（宫内两纵段、行内两横段）

●周边同数共4个，共同对该列排除8格。

▲唯一排余（死角）即某数所在地。

图12-1　列内外数字关系

先看列内某格的相关四段都集中在横幅三宫内。

再看列内九格连成一串，寻找死角也只有五种方式：

1. 四围捉鳖。

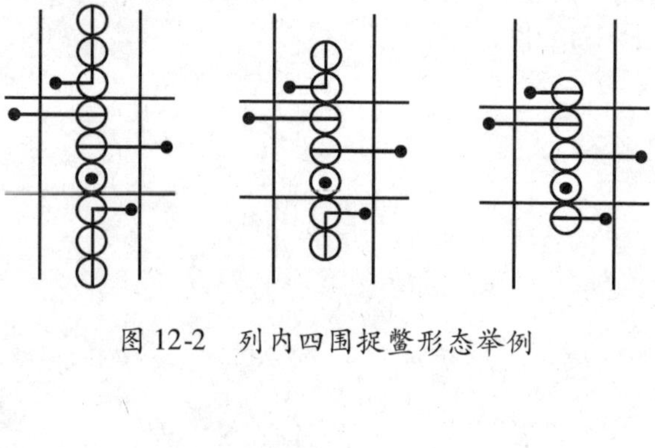

图12-2　列内四围捉鳖形态举例

2. 三指捡螺。

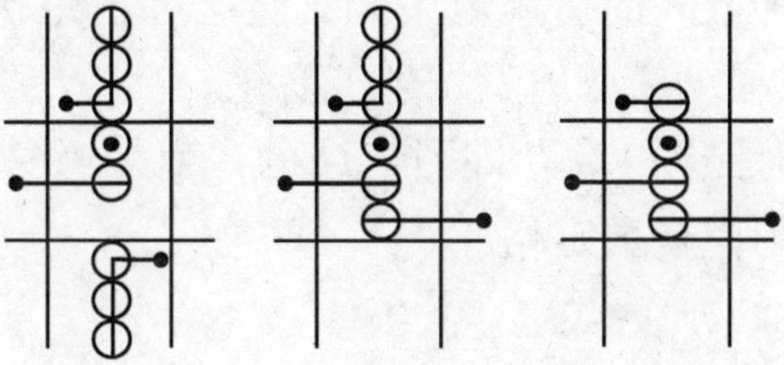

图 12-3　列内三指捡螺形态举例

3. 双管齐下。

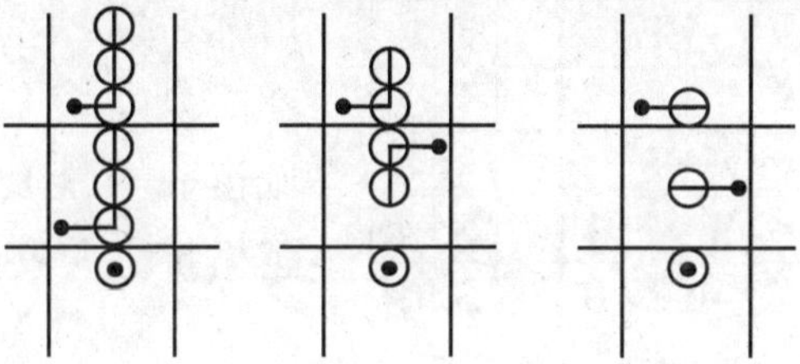

图 12-4　列内双管齐下形态举例

4. 一口咬定。

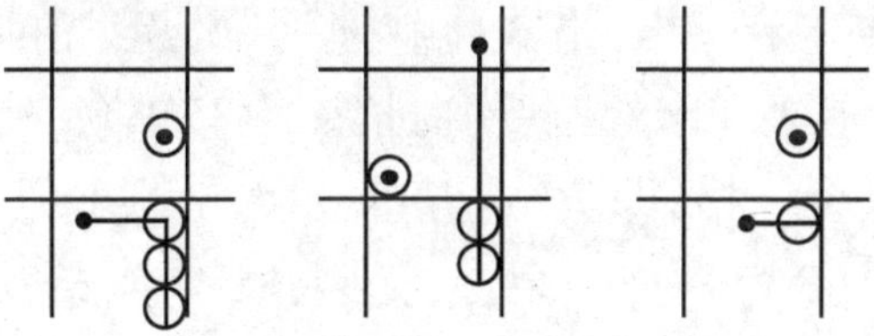

图 12-5　列内一口咬定形态举例

○空格(列内没有空格符号的位置为已定格)

•周边同数　　•——排除范围　　◉死角(原为空格)

5. 天然死角——唯一空格直接判定。

这五种方式的适用范围和判定条件也跟行内补缺完全相同，只在纵横方向上发生了变化。

现在对照图 12-6（即图 9-1）的 S 列来解说。

先说**列内缺数定格**。

	R	S	T	U	V	W	X	Y	Z
I	**4**	**2**		**1**	**5**		**3**		
J		**1**		**6**			**2**	**5**	**9**
K	**5**			**7**	**3**	**2**	**6**	**4**	
L		**3**	**9**	**2**	**4**	**5**			**6**
M	**7**				**1**			**9**	
N	**2**		**5**			**7**	**4**	**1**	
O		**4**			**7**				**8**
P		**5**		**3**		**1**		**6**	**4**
Q					**2**	**8**		**3**	**5**

图 12-6　列内常空补缺

列内空格如果分布在几个横幅内，同样要对每个缺数分幅观察排除情况，合起来是唯一排余才能判定谜底。观察区域也有可能比宫内缺数定格扩大一些。

S 列已定五格，缺 6、7、8、9 四数，逐个缺数来观察：6 在上幅受到排除，没有排余，在卡幅和下幅都不受排除，都是排余，共排余三格，格式化叙述为“6S 定五排一余三”，无判；7 在上幅和卡幅都受到排除，没有排余，在下幅不受排除，有排余一格，即 7S 定五排三余一，判 Fg⑦。还缺 6、8、9 三数，6S 定六排一余二，无判；8S 定六余三，无判；9S 定六排二余一，判 Ag⑨。还缺 6 和 8，无法双定，这个局面不能一举全得：

S 列(6、7、8、9)：6 余三　Fg⑦　(6、8、9)　6 余二		
8 余三　Ag⑨　(6、8)6 余二　8 余二		

再说**列内空格定数**。

因为列内空格的相关四段都集中在一个横幅，在那个横幅找到的格主就是谜底，所以每个空格只要观察一个横幅三宫，也比缺数定格法单纯得多。

S 列的四个空格分布在三个横幅内，按从上到下的习惯顺序逐个空格来观察：Ag 格宫内无缺数出现，行内已现 6 和 7，未现 8 和 9，格式化叙述为“Ag 定五现二未二”，无判；D心定五现二未二；Dg 定五现二未二；Fg 定五现一未三，都无判定。操作过程如下：

S 列(6、7、8、9)：Ag 未二　D心未二　Dg 未二　Fg 未三

从上面看出，本局面运用两法补缺的效果都不够好，尤其用空格定数法更差，但是请不要据此个别情况妄下两法孰优孰劣的结论。

本例题中还有两个三空的列(V、Y)和三个四空的列(U、W、Z)也都要用群空两法解答，请试试看。(答案见第 115 页，操作过程参见第 43 页)

凡能以路线 B 完成解答的题，本书归入 B 类。

第十三节　前期小结

路线 A 和 B 的解题方法都已讲完,这些操作构成了解题过程的前期。当时我们强调单项操作,但是当您学会以后在实际解题时应该不拘一格地灵活运用各种方法进行综合操作,并且自由转换路线 A 和 B,力争在前期判定更多谜底,减轻后期工作量。

表 13-1　三九补缺的不同局面分类

<table>
<tr><th colspan="3">局面</th><th>应对办法</th></tr>
<tr><td colspan="3">单空(天然死角)</td><td>同数扩展时集中处理较好,三九补缺时可以随见随定</td></tr>
<tr><td rowspan="3">双空</td><td colspan="2">能双定</td><td>非此即彼,能定即定</td></tr>
<tr><td rowspan="2">不能双定</td><td>先双记</td><td>用较小字体写在上部两角</td></tr>
<tr><td>再复定</td><td>a. 横线划去双记数字
b. 重写复定数字</td></tr>
<tr><td rowspan="2">群空</td><td colspan="2">常　空
(三空、四空)</td><td>是三九补缺的重点,灵活运用群空两法(也称常空两法)</td></tr>
<tr><td colspan="2">多　空
(五空以上)</td><td>同样灵活运用群空两法(本书不提倡多空补缺,读者可自己酌定)</td></tr>
</table>

请读者朋友试试只用群空两法(不用现成的单空和双空)对图 9-1 连续操作,看能得多少谜底?判定过程之一:

Be④　$B_{心}$⑧　Bc⑨　Ch①　Cc⑦　Cb⑧　Da①　Eb⑦
Ea⑧　De④　Ee②　Eh③　Ed⑤　中e③　$D_{心}$⑥　中d⑧
中g⑥　Dg⑧　中f⑨　Gf④　Ga⑤　Gc⑥　$G_{心}$⑨　Fe②
Hd⑦　Fd⑧　Hb②　Ad③　Ff⑥　Fa⑨　Fc③　Fh①
Fg⑦　Ac⑥　Ae⑦　Ah⑧　Ag⑨　（共判37个，还空2格）

读者朋友可以再综合运用所有方法解完此题，以检验学习效果，分享殊途同归的乐趣（答案见第115页）。

表13-2　群空两法六种类型的观察区域比较

<table>
<tr><th></th><th>缺数定格
（寻找唯一排余“死角”）</th><th colspan="3">空格定数
（寻找唯一未现“格主”）</th></tr>
<tr><td>宫内</td><td>逐个缺数扫视周边四宫</td><td rowspan="3">逐个空格精确</td><td rowspan="3">瞄准相关四段</td><td>行内两横段、列内两纵段（周边四宫内）</td></tr>
<tr><td>行内</td><td>逐个缺数分段扫视纵幅三宫，再合并排余</td><td>宫内两横段、列内两纵段（纵幅三宫内）</td></tr>
<tr><td>列内</td><td>逐个缺数分段扫视横幅三宫，再合并排余</td><td>宫内两纵段、行内两横段（横幅三宫内）</td></tr>
</table>

对于多变的不同局面两法的适应性各异，互补性很强，不能简单论优劣。由于各人的个性和习惯不同，运用两法时难免有所侧重，但绝不能偏废。

三九补缺是解题前期的重点，为了帮助读者朋友练好基本功，现将本例题中一些常空局面运用两法的操作过程并列于后，读者朋友可随时对照琢磨。

对于路线A和B无法解完的题，可以转入路线C。

图 9-1 例题中所有常空局面运用两法的操作过程：
（其中上排为缺数定格法，下排为空格定数法。）

B 宫（4、8、9）	Be④ （8、9） B心⑧和 Bc⑨
	Bc⑨ （4、8） Be④和 B心⑧
C 宫（1、7、8）	Ch① （7、8） Cc⑦和 Cb⑧
	Cb 未二 Cc⑦ （1、8） Ch①和 Cb⑧
D 宫（1、4、6、8）	Da① （4、6、8） De④ （6、8） 6·8
	Da 未二 D心未二 De 未三 Dg 未二
G 宫（4、5、6、9）	Gf④ （5、6、9） Ga⑤ （6、9） Gc⑥和 G心⑨
	Ga 未二 Gc 未二 G心⑨ （4、5、6） Ga⑤ （4、6） Gf④和 Gc⑥
H 宫（1、2、7、9）	1 余二 Hb② （1、7、9） 1 余二 7 余二 9 余三
	Ha 未二 Hb② （1、7、9）Ha 未二 Hd 未二 Hf 未三
K 行（1、8、9）	Ch① （8、9） Ah⑧和 Ag⑨
	Ag 未二 Ah⑧ （1、9） Ch①和 Ag⑨
L 行（1、7、8）	Da① （7、8） 7·8
	Da 未二 Ea 未二 Eb 未二
I 行（6、7、8、9）	Ac⑥ （7、8、9） Bc⑨ （7、8） Cc⑦和 Cb⑧
	Ac 未三 Bc⑨ （6、7、8） Ch 未二 Cc⑦ （6、8） Ac⑥和 Cb⑧

J行 (3、4、7、8)	3余二　Be④　(3、7、8)　Ae⑦　(3、8) Ad③和B心⑧
	Ad未二　Ae未三　B心⑧　(3、4、7) Be④(3、7)　Ad③和Ae⑦

N行 (3、6、8、9)	Eh③　(6、8、9)　6余二　8余三　9余二
	Dg未二　中f未二　中g未三 Eh③　(6、8、9)　Dg未二　中f未二　中g未三

V列 (6、8、9)	中g⑥　(8、9)　B心⑧和G心⑨
	B心⑧　(6、9)　中g⑥和G心⑨

Y列 (2、7、8)	Hb②　(7、8)　[7·8]
	Hb②　(7、8)　[7·8]

U列 (4、5、8、9)	Gf④　(5、8、9)　Ga⑤　(8、9)　中d⑧和中f⑨
	中d⑧　(4、5、9)　中f⑨　(4、5)　Gf④和Ga⑤

W列 (3、4、6、9)	中e③　(4、6、9)　Be④　(6、9)　Gc⑥和Bc⑨
	Bc⑨　(3、4、6)　Be④　(3、6)　中e③和Gc⑥

Z列 (1、2、3、7)	Ch①　(2、3、7)　Ee②　(3、7)　Eh③和Cc⑦
	Cc⑦　(1、2、3)　Ch①　(2、3)　Ee②和Eh③

第十四节　罗列筛选

从本节起介绍解题路线 C,从此解题进入后期,过去讲的各种解题方法都不再适用,也不再转换别的路线。

路线 C 从候选数出发,用罗列筛选的方式,通过多种删减法,从候选数中筛选出真正的格主作谜底。

	R	S	T	U	V	W	X	Y	Z
I	**4**	**2**	*3 6 7 8*	**1**	**5**	*9*	*3 6 7 8 9*	*7 8*	*7 8 9*
J	*3 9*	**1**	*3 7*	**6**	**8**	**4**	*2 3 7 9*	**5**	*7 9*
K	**5**	*9*	*6 8*	**7**	**3**	*2 9*	*1 2 6 8 9*	**4**	*1 8 9*
L	**1**	**3**	**9**	**2**	**4**	**5**	*7 8*	*7 8*	**6**
M	**7**	**6**	**4**	**8**	**1**	**3**	**5**	**9**	**2**
N	**2**	**8**	**5**	**9**	**6**	**7**	**4**	**1**	**3**
O	*3 8 9*	**4**	*1 2 3 8*	**5**	**7**	**6**	*1 2 8 9*	*2 8*	*1 8 9*
P	*8*	**5**	*2 7 8*	**3**	**9**	**1**	*2 7 8*	**6**	**4**
Q	*6 9*	*7 9*	*1 6 7*	**4**	**2**	**8**	*1 2 7 9*	**3**	**5**

图 14-1　罗列候选数的作业全貌

路线 C 是一套稳妥又繁琐的方法，分罗列和筛选两步，通常在后期使用，也可以用它开局，单独完成解题。

路线 C 的第一步称罗列，是打基础的工作，所列候选数必须绝对准确。否则，无论多列少列，都会造成虚假的难易局面，给解题带来大麻烦。

罗列作业一律以宫为单位，具体顺序如下：

1. 逐个有空格的宫缺哪几个数；

2. 逐个空格的相关四段已现哪几个缺数，未现哪几个缺数；

3. 未现缺数都作为候选数罗列在空格内。

图 14-1 原先有六个宫存在空格，同样按位置的习惯顺序进行罗列。

A 宫缺 3、6、7、8、9 五数，Ac 格的相关四段已现 9，就要填入 3、6、7、8 四数；Ad 格的相关四段已现 6、7、8，填入 3 和 9；Ae 格已现 6、8、9，填入 3 和 7；Ag 格已现 3、6、7、8 四数，只填 9；Ah 格已现 3、7、9，填入 6 和 8。至此 A 宫完成罗列。

其他几个宫照此办理，图 14-1 就是全部完成罗列后的作业全貌。

空格在罗列后改称未定格，但空格的性质不变。

罗列作业实际是双记的发展，只是记录的候选数更多了。尚未复定的双记也并入一起处理。

第二步筛选的操作方法将在下一节演示。

第十五节　单子圈定

筛选以单子圈定作为基本方法，以宫为单位进行，具体包括圈定和删减两项作业。

单子是单子格和单子数的统称。只有一个候选数的格子称单子格，该候选数称单子数。显然，单子数就是格主，马上可以加圈判定谜底，这是圈定。紧接着必须将其排除范围内的相同候选数全部删去，简称删同，这是删减。圈定和删减反复交替进行，构成单子圈定的特定轨道，称单子轨道，也称筛选轨道。

筛选时特别要注意避免漏删，最好养成先宫内后宫外和先行后列的习惯顺序。否则，万一漏删，在歧途上越走越远，等到发觉时，已经难回正道，只能推倒重来。

下面仍以图 14-1 来演示“圈定-删减”的操作过程。

A、B、F 三个宫同时出现单子格，切勿一起圈定，按习惯顺序先做 A 宫：圈 Ag⑨，删去宫内一个 9，行内三个 9，列内一个 9，在操作过程中简录为“Ag⑨ 宫一行三列一”。再圈新单子格 Ad③，然后删去宫二行一列一，又圈 Ae⑦，删去宫一行二列二。A 宫连圈三数后告一段落：

A 宫：Ag⑨ 宫一行三列一　Ad③ 宫二行一列一 Ae⑦ 宫一行二列二

其中：开头是作业的宫；后面是圈定的谜底和删同的个数。

现在,还未圈定的新老单子格已有五个,分布在 B、C、F 三个宫内,同样按习惯顺序逐宫进行。

B 宫同时出现两个单子格,也不宜一起圈定,应该沉着地逐个处理:先圈定一个,马上宫内删同,紧接着按先行后列的习惯顺序进行宫外删同,然后再圈下一个,等一个宫结束或告一段落后再换一个宫。接下去的操作过程见下页,完成后的作业全貌如图 15-1。

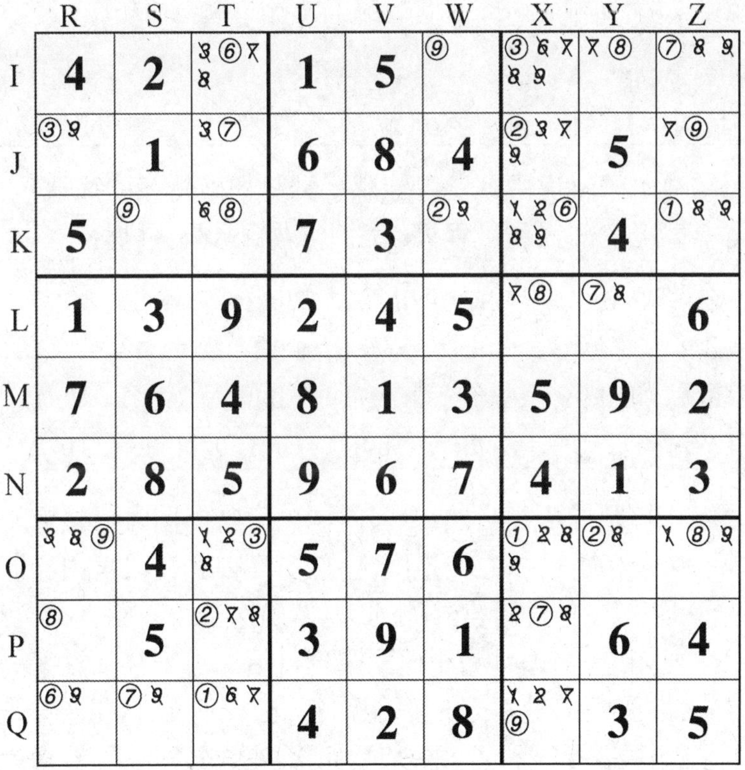

图 15-1　单子圈定作业全貌

B：Bc⑨ 行二　Bh② 行一
C：Ce⑨ 宫一列一　Cd② 列三
F：Fd⑧ 宫三行一　Fa⑨ 宫一行一　Ff⑥ 宫一
　Fg⑦ 行一　Fh① 宫一行一　Fe② 宫一　Fc③
H：Hd⑦ 列二　Hf⑨
E：Ea⑧ 宫一列三　Eb⑦ 列一
C：Cb⑧ 宫二行一列一　Cc⑦　Ch① 宫一列一
　Cf⑥ 宫一行一　Ca③
A：Ac⑥　Ah⑧
H：Ha①　Hb②　Hc⑧

在单子轨道中解题者能感受到势如破竹般的痛快！

以上全部操作过程可以简化成如下判定过程：

Ag⑨	Ad③	Ae⑦	Bc⑨	Bh②	Ce⑨	Cd②
Fd⑧	Fa⑨	Ff⑥	Fg⑦	Fh①	Fe②	Fc③
Hd⑦	Hf⑨	Ea⑧	Eb⑦	Cb⑧	Cc⑦	Ch①
Cf⑥	Ca③	Ac⑥	Ah⑧	Ha①	Hb②	Hc⑧

在解题技巧相当熟练后，对同一个宫内同时或接连出现的单子格也可以先接连圈定，然后在彻底完成宫内删同的前提下，逐个进行宫外删同，但需确保避免漏删。

要知道，筛选时漏删比漏圈更可怕。由于数独答案的唯一性，漏圈的谜底迟早都能弥补，已现的单子格绝对跑不了；万一漏删了候选数，却会跟多列候选数一样带来大麻烦。所以切忌只顾圈定而忘了删减。

第十六节　联体删减

现成的单子格很少,没有单子格可圈时,就要想办法删减一些不可能成为格主的候选数,制造成单子格。根据候选数的分布形态,有很多特定的删减法,本书选择介绍三种,联体删减是最实用的一种。

图 16-1 是这三种删减法的共同例题。

一、双联体

联体是联合体的简称。

两个候选数的格子叫双子格,如果一个小区内两个双子格的候选数完全相同,就构成双联体。双联体的两个格子内一共罗列四个候选数代码,但是如果按重复不计的话,实际上是两个各不相同的候选数。这两个各别候选数看作联合体成员,小区内其他格子的相同候选数称体外同数。两个成员联合承包了两格谜底,所有体外同数都应删去,简称体外删同。

如果成员代码归集到了一个段内,该联合体就随着该段兼属于两种小区,在这两种小区内都可以体外删同。所以联体删减要以宫为主,三九互动。

本节用半框内并列两个不同代码表示双联体,并在前面冠以小区的代号。比如:B|2 4|表示 B 宫的双联体,W|2 4|表示 W 列的双联体,BW|2 4|表示该双联体兼属于

B 宫和 W 列。本例盘面共有五个双联体：

1. B 宫右段兼属于 W 列，含 2 和 4 的双联体应记作“BW|2 4|”，有时也可只记成 B|2 4|或 W|2 4|。

2. 中宫下段即 N 行中段，故有“中 N|6 9|”。

3. G 宫 4 和 9 不存在兼属，记作“G|4 9|”。

4. E 宫上段即 L 行右段，故有“CL|7 8|”。

	R	S	T	U	V	W	X	Y	Z
I	**4**	**2**	3 6 7 8	**1**	**5**	**9**	3 6 7 8	7 8	7 8
J	3 6 8	**1**	3 6 7 8	4 6 8	4 6 8	2 4	2 3 6 7 8 9	**5**	2 4 7 8 9
K	5 6 8	**9**	6 8	**7**	**3**	2 4	1 2 6 8	2 4 8	1 2 4 8
L	**1**	**3**	**9**	**2**	4 8	4 ⑤	5 7 8	7 8	**6**
M	**7**	**6**	**4**	3 ⑧	**1**	3 5	2 5 8	**9**	2 8
N	**2**	**8**	**5**	6 9	6 9	**7**	**4**	**1**	**3**
O	3 8 9	**4**	1 2 3 8	**5**	**7**	**6**	1 2 8 9	② 8	1 2 8 9
P	3 8 9	**5**	2 3 8	③ 4 9	4 9	**1**	2 7 8 9	**6**	2 4 7 8 9
Q	6 9	**7**	1 6	4 9	**2**	**8**	1 9	**3**	**5**

图 16-1　联体删减例题及框内记录的作业全貌

5. Y 列 7 和 8 没有兼属,记作“Y|7 8|”。

联体删减并不能判定谜底,只是有可能制造成单子格。如 G心格和 Gf 格是双联体,Gd 格的 4 和 9 是体外同数,删去后就变成单子格,就能回到单子轨道:

G 宫|49|: 宫二　Gd③ 行二列一　中 d⑧……

其中:开头是什么小区的联合体;紧接着是体外删同的个数和判定的谜底;最后的省略号表示继续进行单子圈定。

再看 BW|2 4|,在 B 宫和 W 列都可从体外删同。B 宫删两个 4 后出现新的双联体 BJ|6 8|,别急于处理它,仍按原定顺序在 W 列删一个 4,判中 c⑤,回到单子圈定轨道,并能带出一连串单子格来:

B 宫 W 列|2 4|: 宫二列一　中 c⑤……

其他三个双联体的单项操作过程如下:

中宫 N 行|6 9|: (无体外同数可删,对解题没有作用)

C 宫 I 行|7 8|: 宫九行二(减少候选数,只有间接作用)

Y 列|7 8|: 列二　Hb②……

联体删减往往会带出很多单子格,但是不应该只关注寻找联合体。只要盘面存在单子格,就应优先单子圈定,走“圈定-删减”的单子轨道是最好的选择。

二、三 联 体

如果同一小区三个格子(不含单子格)的各别候选数正好也是三个,就构成三联体。三个成员联合承包三格谜底,所有体外同数都应删减,如果成员代码已经归集到一个段,在兼属的两种小区内都可以体外删同。

发现和确认三联体比双联体困难得多,它的候选数构成情况比较复杂,大致有以下几种形态:

789	789	789

饱满型——容易辨认但较少。

78	89	79

循环型——由双子格循环组成,但没有构成双联体。

78	78	789

78	78	79

包含型——三联体内包含双联体,宜小型化按双联体处理。

789	789	78

789	78	89

长短型——杂乱无章难辨认,需多加关注,仔细寻找。

本例盘面有四个三联体,只有一个可以这样操作:

Q 行 169 : 行一 Gf④……

还有三个(G 宫 349 、W 列 245 、Y 列 278)都是包含型,宜按双联体处理。

如果一个小区内的未定格都纳入了联合体,就无体外同数可删,光杆一个,对解题毫无作用。

三、多联体

超过三个成员的联合体称多联体。

多联体同样允许每格的成员代码不一定齐全，只要没有单子格，成员个数不超过格子数就行。

多联体不可能有兼属小区，只能在一个小区内进行体外删同。

越大的联合体越难辨认，对解题的作用却不一定大，所以本书设限在讲解中最多用到四联体。

顺便认识一下本例盘面的四联体和五联体：

A宫 3678、R列 3689 删同可得单子格。

H宫 1289 删同后可连续圈定直至全部解完。

B宫 2468、I行 3678、W列 2345、Y列 2478 属包含型，宜小型化处理。

中宫 3458、E宫 2578、L行 4578、M行 2358、Q行 1469、V列 4689 都无体外同数可删。

K行 12468 删行内二个同数后可得单子格。

A宫 35678、R列 35689 应小型化按四联体处理。

O行 12389、U列 34689 都无体外同数可删。

由此可知偶尔使用较大联合体也可能有所收获，读者可酌情处理。

凡结合联体删减能解完的题，本书归入C类。

第十七节　深挖删减

有时候看起来没有单子格，但可能多子格内隐藏着唯一候选数，只因和其他候选数共处一格，不容易发现，一般都能通过联合体解决。如果发现这种隐藏的唯一，就可以把同格的其他候选数全部删去，称格内删异，就变成单子格。深挖删减的难度比较大，却是救急的良方。

深挖删减也要以宫为主，三九互动。

宫、行、列都可能存在隐藏的唯一，只因宫内数字团在一起，看得清晰，一般先在宫内搜寻，还要挑那些容易发现的宫着手。参看图 17-1（即图 16-1）。

1. 未定格少的宫。G 宫一看即见 3 是宫内唯一。用半框内单列一个代码表示隐藏的唯一，并在前面冠以小区的代号。操作过程如下：

G 宫⌊3⌋：格二　Gd③ 行二列一　中 d⑧……

其中：开头是什么小区的唯一；紧接着是格内删异的个数。

2. 格内候选数少的宫。中、B、E 宫明显没有隐藏的唯一，而 A 宫的 5 则在三种小区都是唯一，记作“AKR⌊5⌋”，有时只记成 A⌊5⌋、AK⌊5⌋或 AR⌊5⌋。

3. 刚删过候选数的宫也比较容易发现。

4. 最后转向还未搜寻过的宫。

如果仍无收获，只好逐行逐列地地毯式搜索。

深挖删减既难且繁，实属无奈之举，一旦解了急，赶快回到单子圈定的特定轨道，其他隐藏的唯一尽可等其自然变成单子格后再处理，不必操之过急。

图 17-1（即图 16-1）有六个隐藏的唯一，试试看，你能挖到几个？（答案见第 123 页）

	R	S	T	U	V	W	X	Y	Z
I	**4**	**2**	3 6 7 8	**1**	**5**	**9**	3 6 7 8	7 8	7 8
J	3 6 8	**1**	3 6 7 8	4 6 8	4 6 8	2 4	2 3 6 7 8 9	**5**	2 4 7 8 9
K	5 6 8	**9**	6 8	**7**	**3**	2 4	1 2 6 8	2 4 8	1 2 4 8
L	**1**	**3**	**9**	**2**	4 8	4 5	5 7 8	7 8	**6**
M	**7**	**6**	**4**	~~3~~ ⑧	**1**	3 5	2 5 8	**9**	2 8
N	**2**	**8**	**5**	6 9	6 9	**7**	**4**	**1**	**3**
O	3 8 9	**4**	1 2 3 8	**5**	**7**	**6**	1 2 8 9	2 8	1 2 8 9
P	~~3~~ 8 9	**5**	2 ~~3~~ 8	③ ~~4~~ ~~9~~	4 9	**1**	2 7 8 9	**6**	2 4 7 8 9
Q	6 9	**7**	1 6	4 9	**2**	**8**	1 9	**3**	**5**

图 17-1　深挖删减例题及框内记录的作业全貌

凡是必须深挖删减才能解完的题，本书归入 D 类。

第十八节　集束删减

经过多次删减，有的候选数在一个小区里已经归集到了一个段，只是尚未落实到格。可以确定该数必然落户在该段，于是把它们看成准谜底。如果在该段兼属的另一个小区内，该数还没有归集到一个段，就能凭借准谜底的集束力量在兼属段内删减同数。具体说：宫内横段准谜底删减行内同数，纵段准谜底删减列内同数，行或列的准谜底删减宫内同数。这种删减法称集束删减，这些准谜底称集束数，这个段称集束段，这项作业称段外删同。集束删减是难度更大的又一救急良方。

集束删减也要以宫为主，三九互动。

图 18-1（即图 16-1）盘面有三个集束段，用半框内并列两三个相同代码来表示，单项操作如下：

B 宫 66：行三　　　　（只有间接作用）
B 宫 88：行四　Ad③……
O 行 33：宫二　　　　（只有间接作用）

其中：开头是什么小区的集束段；紧接着是段外删同的个数。

如果某数在这个段兼属的两种小区内都归集到了同一个段，就不会再有段外同数，就谈不上集束。这是必须辨认清楚的一种似是而非集束的局面。

B 宫右段即 W 列上段，两种小区内的 2 都归集到了同一个段，就无同数可删，就不成为集束段，记录成“BW22”。大量存在的这种非集束局面使寻找集束段收效甚微，一旦发现却难能可贵，切勿放过这种最后机会。在寻找集束段时还能顺便发现隐藏的唯一，两者结合往往能在最后关头发挥绝处逢生的奇效。

	R	S	T	U	V	W	X	Y	Z
I	**4**	**2**	3 6 7 8	**1**	**5**	**9**	3 6 7 8	7 8	7 8
J	③ ~~6~~ ~~8~~	**1**	3 ~~6~~ 7 ~~8~~	4 6 8	4 6 8	2 4	2 3 ~~6~~ 7 ~~8~~ 9	**5**	2 4 7 ~~8~~ 9
K	5 6 8	**9**	6 8	**7**	**3**	2 4	1 2 6 8	2 4 8	1 2 4 8
L	**1**	**3**	**9**	**2**	4 8	4 5	5 7 8	7 8	**6**
M	**7**	**6**	**4**	3 8	**1**	3 5	2 5 8	**9**	2 8
N	**2**	**8**	**5**	6 9	6 9	**7**	**4**	**1**	**3**
O	3 8 9	**4**	1 2 3 8	**5**	**7**	**6**	1 2 8 9	2 8	1 2 8 9
P	~~3~~ 8 9	**5**	2 ~~3~~ 8	3 4 9	4 9	**1**	2 7 8 9	**6**	2 4 7 8 9
Q	6 9	**7**	1 6	4 9	**2**	**8**	1 9	**3**	**5**

图 18-1　集束删减例题及框内记录的作业全貌

请找出盘面上似是而非集束的局面（答案 63 页）。

凡是必须集束删减才能解完的题，本书归入 E 类。

第十九节　解法一览

路线方式	解题方法 基本/辅助	特点评估	操作区域	操作步骤	题目分类	能力评级
A同数扩展	1. 同数扩展法	最轻松	宫为单位	a. 观察排余 b. 寻找死角 c. 填写同数	A类	相当于初级
	2. 幅内扩展（辅）	较简单	宫为单位按幅进行			
	3. 间接扩展（辅）	较曲折（不提倡）	宫为单位	a. 发现准谜底 b. 间接寻找死角 c. 填写同数		
B三九	4. 单空铁定（辅）	最省力	三九互动	直接填写缺数		
	5. 双空双定（辅）	最高效		非此即彼，相依判定	B	相当于
	6. 双记复定（辅）	较麻烦		a. 彼此难分先双记 b. 一旦明朗再复定		

续表

补	7. 缺数定格法	既灵活又复杂		a. 看排余 b. 找死角 c. 填缺数	类	中级
缺	8. 空格定数法			a. 看未现 b. 找格主 c. 填缺数		
C罗列筛选	9. 单子圈定法	最稳妥较繁琐	宫为单位	单子轨道(筛选轨道): a. 圈定单子数 b. 宫、行、列删同	C类	相当于高级
	10. 联体删减(辅)	最实用	以宫为主三九互动	a. 认定联合体 b. 小区内体外删同 c. 回归单子轨道		
	11. 深挖删减(辅)	最救急		a. 发现隐藏的唯一 b. 格内删异 c. 回归单子轨道	D类	
	12. 集束删减(辅)	最珍贵		a. 认定集束段 b. 兼属另一小区内段外删同 c. 回归单子轨道	E类	

注:1. 解题前期可以自由转换路线 A 和 B,解题后期可以灵活运用各种删减法。

第三章　广阔天地

本书要讲的十二种解题方法已经结束，游戏却刚刚开始。数独游戏是个广阔的天地，永远不会有结束的时候。这样说有很多理由：

1. 题量无限，取之不尽。数独谜题的终极盘面共有66万亿亿个，每个终极盘面编出的合格谜题又何止千万，可想而知其总量将是一个怎样的天文数字！

2. 盘面多变，捉摸不定。往往一数之差会造成难易悬殊，一步之误会引起成败剧变，想把握其规律有很多功课要做。

3. 特型删减，创新不断。在解题路线C中，针对候选数分布形态的特定解法很多，可任由广采博纳，自己也可创新发展。所以，有人说：自己在解题过程中发现的技巧是最好的解题技巧。

4. 变形数独，层出不穷。本书从老年人的特点出发，仅限于标准数独，对上百种变形数独毫无涉及，有兴趣的朋友可自行尝试。

对这么天量的谜题要恰如其分地分类归级也不容易，本书尝试以所用解题方法为依据对谜题分类，表明其难易程度，并依此对解题能力评级，表明所达到的水平。不过，这个评级只是在老年玩数独领域内的相对比较，略分高低而已，并不与数独段位考核挂钩。有的谜题会出现类级不符的情况,笔者主张从高评定解题能级,因为无论高题低解或低题高解都说明解题者已具备了相应的解题能力,可以反映实际水平。

另外说明一点:数独答案应该是唯一的,如果出现多解或无解的情况,首先考虑解题有误,但也不排除是编题不严谨所致,可以深入琢磨或相互探讨。

读者朋友在把本书所附习题做完以后,除了可以继续寻找题源外,对已经解过的习题也可以开发出很多后续游戏,例如:

a. 寻找初解时的错误,接受教训防止重犯;

b. 总结成功的解题经验,探究新的解题途径;

c. 推敲解题捷径,在准确的前提下提高解题速度;

d. 尝试能否单用一种方法或一条路线解完全题;

e. 改编原题,减少明示数,增加解题难度;

f. 调整题面图形,设计出更美观的图案。

朋友们,数独世界围墙的铁门已经打开,在进入了广阔天地后,尽情畅游吧!

祝老年朋友身心健康,玩得高兴,有所创新!

注　释

ABC　D中E　FGH：分别表示九个宫。

IJK　LMN　OPQ：分别表示九个行。

RST　UVW　XYZ：分别表示九个列。

A心：格子名称。大写字母（含“中”）指宫，小写字母（含“心”）指该格在宫内的位置，合起来表示格子在盘内的位置。

1（CFH）：同数扩展时，1要在C、F、H三个宫内扩展。

1C定一排六余二：同数扩展和缺数定格寻找死角时，1在C宫有已定数一格，受排六格，排余二格。

C余二：同数扩展和缺数定格寻找死角时，某数在C宫排余二格。

Da①：Da格判定谜底为1。

【中e③】：回头观察后回头判，在中e格判定谜底为3。

非一、上二：幅内扩展时，非幅第一轮，上幅第二轮。

[3]：角上一个特小字，表示准谜底。

[7 8]：上角两个小号字，双记时表示非此即彼的两个候选数。

Ch①和Gd②：双空双定时一举判定两个谜底。

[7·8]：框内两数间加圆点，表示双记两个候选数。

B(4、8、9)：三九补缺时，B宫缺4、8、9三数。

中 d 定五现三未一：空格定数寻找格主时，中 d 格所在小区有已定数五格，四个缺数在相关四段内已现三个，尚未出现一个。

中 e 未二：空格定数寻找格主时，中 e 格的相关四段尚未出现缺数两个。

宫一行三列一：单子圈定时，在宫、行、列内删同的个数。

格二：深挖删减时，在格内删异的个数。

|2 4|：半框内并列几个不同代码，表示联合体，可能兼属于两种小区，前面冠以一或两个大写字母。

|3|：半框内单列一个代码，表示隐藏的唯一候选数，可能兼属于两或三种小区，前面冠以一至三个大写字母。

|6 6| |6 6 6|：半框内并列两或三个相同代码，表示集束段，只能属于一种小区，前面冠以一个大写字母。

BW22 CX666：似是而非集束的局面。

（接第 57 页）图 18-1 中似是而非集束的局面：

AT77

BW22

CX33 CX666 CJ99 CK11

中 L44 中 M33 中 N66 中 N99 中 W55

EL77 EM22 EX55

FQ66 FR999 FT11 FT22

HP77

习　题

A1.

						9	4	5
		6						
5	2		1		3	8		7
	9		3	1				
		3		8		1		
				4	6		2	
7		5	2		8		1	9
						3		
8	6	1	4					

A2.

3								9
			4		5			
5								2
		6	3		1	7		
	4	7	9	6	2	5	3	
2			6		3			5
4		9				6		8
	1	5		2		3	4	

A3.

			9	6		2		1
		2	1				7	
	1	6				3		4
4		8					1	3
9	5			8				6
			6	5				
	7	9						
	4			2	5	8		
					9	7	6	

A4.

					9	6		
2	5				4			9
			5		6	2	1	
	2					1	9	6
7			9		1			3
9	4	1					8	
	9	4	1		7			
3			4				5	1
		8	2					

A5.

		5		9		6		
	9						1	
		7	8	1	3	2		
	4	1		2		3	9	
			1		6			
	2	3		8		5	6	
		6	4	7	9	1		
	3						7	
		8		5		4		

A6.

	6		3					
7	5							1
		4	5		1	2		
5				3	6	9		
						4		2
2				1	4	3		
		5	4		9	1		
3	7							9
	9		6					

A7.

				8				
		8	3		1	4		
2	4						8	7
	7	2	9		5	6	3	
	3						9	
	1	9	7		6	8	5	
6	9						7	5
		7	5		2	9		
				9				

A8.

1			2	9	5			3
			1		3			
		5		7		9		
4	7						9	6
2		6				3		7
8	9						2	4
		4		8		1		
			7		4			
6			3	1	2			9

A9.

			6				2	8
3	8							
2	4					3		6
6	2		3				1	
		5	8		1	2		
	3				4		7	5
8		4					6	1
							9	2
9	6				5			

A10.

			5					6
			4	9	7	8	5	
	1	5						7
		7			2		8	5
		6		5	8	3		9
		4			3		9	
		8		4		5	6	
	9		1	7	5			

B1.

4	8	2	5					
						1		3
1	2	3	4			7		9
						2		6
	6	9	1	7				5
				8			2	
				3				
	5	1	7	6				

B2.

1								4
		2	4		5	8		
	3			7			6	
	4		5		8		3	
		6				2		
	2		3		7		4	
	6			8			1	
		5	2		9	3		
4								2

B3.

5								
	9			2				7
		3	5	6				
3						1	7	
		7	8		3		6	
1		8				9		
						3		
	2			8				4
				7	4		9	

B4.

4								6
	8	7	9	6	4	2	5	
	1		4		8		2	
			7		3			
	3		5		6		8	
	7	2	3	8	1	9	6	
9								3

B5.

	3			1			4	
8		9				6		1
	6			8			9	
9								7
		6	5		7	2		
	7		1		4		8	
	1		8		9		5	
		2	6		3	1		
3								6

B6.

								4
	4			1		8	7	
			4	3	7			2
	3	7			6		9	
6		8						3
	5	4			9		2	
			6	4	8			9
	6			9		3	4	
								6

B7.

		3				7		
	6		5		4		9	
5				6				1
	5		1		8		3	
		4				9		
	8		4		9		1	
9				5				7
	7		2		3		6	
		2				4		

B8.

			7				4	
			6	5			2	8
6		7						
	5	4			6	2		
				7	1			
	8	2			5	3		
3		6						
			3	4			9	7
			1				3	

B9.

	1			3			7	
		7				9		
2		6	5		7	3		4
		1	6		3	2		
		3	2		9	5		
1		5	8		2	4		7
		8				1		
	3			1			9	

B10.

		8	1		3	6		
	4						5	
6								2
	9						3	
8		4				7		9
4	8			6			9	3
7		6		9		1		5
	1		8		2		6	

C1.

	3		1					
		7					4	
					3	1		
8		1			2			5
		4		3		8		
3	9			5	1			
7	4			9		6		
	2				5			8
1		5				4		2

C2.

		4		8	7		3	2
2								
	6	5						7
	3		7				9	
	1		2		4		5	
	4				9		7	
4						9	2	
								5
9	2		3	5		6		

C3.

						1	4	7
			7	3		9		6
		9			6		1	
		8		7	3	6		
			9	2		5		
	3	7		5	8		9	
	2		1			3		
	1	4						

C4.

				3			7	
		9			5	1		
8				2				
	3				6			
1		2				8		3
			4				5	
				5				2
		6	7			9		
	4			9				

C5.

6				7	9	8		
					1			
		4	5		2			
			2	9		6		
7								
		1				5	3	
5	1						6	
	6	2						
	7		8	1			9	

C6.

		5						
	9			8	4			
		3		1			6	4
	3	7			9	1	5	
			6	7	1			
	8	1	5			7	9	
7	5			9		6		
			2	5			4	
						3		

C7.

			3				1	
	9	4			1			7
2			7			4		
				5		3		
5	8						6	9
		3		8				
		7			5			6
6			4			2	8	
	1				6			

C8.

		1				7		
	2		4		6		8	
3				5				9
	9		1				2	
		3				1		
	8				5		6	
5				8				4
	6		7		2		9	
		7				8		

C9.

	5				9		7	
				8		6		
4		1	2					
	8			7				
5		9				4		2
				5			3	
					6	8		1
		2		3				
	6		4				5	

C10.

	4				7			
6		1		4		5		
			5					9
			1			7	5	
4			6		3			2
	2	9			8			
8					6			
		7		3		6		1
			2				3	

D1.

4				1		9		
	6				5			
		3					2	
	7		6				3	
1								2
	5				9		7	
	8					4		
			7				6	
		9		2				1

D2.

	8						6	
		2	6		3	5		
			5	9	8			
3		6				8		9
	2						5	
9		4				3		2
			1	7	2			
		7	8		4	1		
	6						8	

D3.

					4	9		8
5						2		
	1	8		7				
7						6		
			8		1			
		9						4
				5		1	3	
		6						7
4		2	9					

D4.

					5	1		
	7			9			4	
5		9			4	6		
8		3						
	6						5	
						4		6
		4	1			2		7
	2			8			3	
		1	5					

D5.

3			4					
		8						4
				1			5	9
	6	7		3		9		2
		5	2	7			1	
	9	3		8		7		5
				4			9	7
		2						3
8			3					

D6.

1				8				7
			3					
		2				6		
			1		2		5	
7				3				1
	3		4		5			
		5				7		
					8			
8				6				9

D7.

	8				1		9	
1			2					
		4	3			8		
8						2	4	
				5				
	1	5						7
		3			9	6		
					6			2
	9		7				3	

D8.

9			3			8		
					7	6		
	5	3						2
2	1							
		6				1		
							7	4
8						5	3	
		7	1					
		9			4			7

D9.

	8			1			2	
6			3		5			1
		7				4		
	2		1		9		5	
7								6
	9		6		3		4	
		5				3		
9			2		1			8
	3			6			7	

D10.

6						7	8	
	3		4					
1	4			7				
	9							
				8		3	5	
8							6	
5								
			9			4		

E1.

9					4			
6		3			2			
							1	8
2		4				6		
				7				
		5				9		3
8	1							
			9			5		1
			6					7

E2.

	7						5	
8			2			9		
		6			1			4
				4		8		
9								3
		7			5			
3				8		2		
		4	3					1
	1						6	

E3.

5							6	1
		4	8	1			3	2
4			2		8			3
3				7				5
2			5		4			8
8	5			4	6	7		
1	2							4

E4.

				1				
						4	7	5
7	6				9		1	
	3	4			2	6		
8			9		3			4
		6	8			1	2	
	9		4				6	1
1	4	7						
				2				

E5.

				3				
	8				9			5
	9						1	8
	6				1	9		2
		8		4		6		
2		9	6				5	
8	1						2	
5			7				3	
				6				

E6.

9							8	
	2				3		4	
			1		7			
		5				7		
			8	2	6			
		8				1		
			6		5			
	3		4				2	
	1							9

E7.

		3					5	
4							9	
			5	6				8
			1		3			4
		2						
	9						3	
6	7			4	8		2	
8				2	5		4	
				7			6	

E8.

		4		9		8		
	3		5					4
	9	5	4			3		
7			2				8	1
4	8			5				
		6	1					
5				2	7	1		
1		8						6
	6					9		

E9.

				4			5	
	5		9				8	
		7		1				2
					8	2		4
5		1				6		8
2		9	4					
3				2		4		
	2				9		6	
	1			3				

E10.

3								6
		7			9		2	
	6		5			3		
		2			4		3	
	5		6			8		
		9			2		7	
	7		8			5		
4								8

答　案

A1

3	1	8	6	2	7	9	4	5
9	7	6	8	5	4	2	3	1
5	2	4	1	9	3	8	6	7
4	9	2	3	1	5	6	7	8
6	5	3	7	8	2	1	9	4
1	8	7	9	4	6	5	2	3
7	3	5	2	6	8	4	1	9
2	4	9	5	7	1	3	8	6
8	6	1	4	3	9	7	5	2

A2

3	6	1	2	7	8	4	5	9
7	8	2	4	9	5	1	6	3
5	9	4	1	3	6	8	7	2
9	2	6	3	5	1	7	8	4
1	5	3	7	8	4	2	9	6
8	4	7	9	6	2	5	3	1
2	7	8	6	4	3	9	1	5
4	3	9	5	1	7	6	2	8
6	1	5	8	2	9	3	4	7

A3

7	3	4	9	6	8	2	5	1
5	9	2	1	4	3	6	7	8
8	1	6	5	7	2	3	9	4
4	6	8	2	9	7	5	1	3
9	5	7	3	8	1	4	2	6
1	2	3	6	5	4	9	8	7
2	7	9	8	3	6	1	4	5
6	4	1	7	2	5	8	3	9
3	8	5	4	1	9	7	6	2

A4

1	8	7	3	2	9	6	4	5
2	5	6	8	1	4	3	7	9
4	3	9	5	7	6	2	1	8
8	2	3	7	4	5	1	9	6
7	6	5	9	8	1	4	2	3
9	4	1	6	3	2	5	8	7
6	9	4	1	5	7	8	3	2
3	7	2	4	6	8	9	5	1
5	1	8	2	9	3	7	6	4

A5

8	1	5	7	9	2	6	3	4
3	9	2	6	4	5	8	1	7
4	6	7	8	1	3	2	5	9
6	4	1	5	2	7	3	9	8
5	8	9	1	3	6	7	4	2
7	2	3	9	8	4	5	6	1
2	5	6	4	7	9	1	8	3
1	3	4	2	6	8	9	7	5
9	7	8	3	5	1	4	2	6

A6

1	6	8	3	2	7	5	9	4
7	5	2	9	4	8	6	3	1
9	3	4	5	6	1	2	8	7
5	4	7	2	3	6	9	1	8
6	1	3	8	9	5	4	7	2
2	8	9	7	1	4	3	5	6
8	2	5	4	7	9	1	6	3
3	7	6	1	5	2	8	4	9
4	9	1	6	8	3	7	2	5

A7

7	6	3	2	8	4	5	1	9
9	5	8	3	7	1	4	2	6
2	4	1	6	5	9	3	8	7
8	7	2	9	4	5	6	3	1
5	3	6	1	2	8	7	9	4
4	1	9	7	3	6	8	5	2
6	9	4	8	1	3	2	7	5
1	8	7	5	6	2	9	4	3
3	2	5	4	9	7	1	6	8

A8

1	6	8	2	9	5	7	4	3
7	4	9	1	6	3	2	8	5
3	2	5	4	7	8	9	6	1
4	7	3	5	2	1	8	9	6
2	5	6	8	4	9	3	1	7
8	9	1	6	3	7	5	2	4
5	3	4	9	8	6	1	7	2
9	1	2	7	5	4	6	3	8
6	8	7	3	1	2	4	5	9

A9

5	9	7	6	4	3	1	2	8
3	8	6	5	1	2	9	4	7
2	4	1	7	9	8	3	5	6
6	2	9	3	5	7	8	1	4
4	7	5	8	6	1	2	3	9
1	3	8	9	2	4	6	7	5
8	5	4	2	3	9	7	6	1
7	1	3	4	8	6	5	9	2
9	6	2	1	7	5	4	8	3

A10

5	8	9	3	2	6	1	7	4
7	4	2	5	8	1	9	3	6
3	6	1	4	9	7	8	5	2
8	1	5	9	3	4	6	2	7
9	3	7	6	1	2	4	8	5
4	2	6	7	5	8	3	1	9
2	5	4	8	6	3	7	9	1
1	7	8	2	4	9	5	6	3
6	9	3	1	7	5	2	4	8

图 3-1 例题的终极盘面

4	2	6	1	5	9	3	8	7
3	1	7	6	8	4	2	5	9
5	9	8	7	3	2	6	4	1
1	3	9	2	4	5	8	7	6
7	6	4	8	1	3	5	9	2
2	8	5	9	6	7	4	1	3
9	4	3	5	7	6	1	2	8
8	5	2	3	9	1	7	6	4
6	7	1	4	2	8	9	3	5

B1

4	8	2	5	1	3	9	6	7
3	1	7	6	4	9	8	5	2
6	9	5	8	2	7	1	4	3
1	2	3	4	5	6	7	8	9
5	7	4	3	9	8	2	1	6
8	6	9	1	7	2	4	3	5
7	3	6	9	8	1	5	2	4
9	4	8	2	3	5	6	7	1
2	5	1	7	6	4	3	9	8

B2

1	5	7	8	3	6	9	2	4
6	9	2	4	1	5	8	7	3
8	3	4	9	7	2	5	6	1
9	4	1	5	2	8	6	3	7
3	7	6	1	9	4	2	5	8
5	2	8	3	6	7	1	4	9
2	6	9	7	8	3	4	1	5
7	1	5	2	4	9	3	8	6
4	8	3	6	5	1	7	9	2

B3

5	7	1	4	3	9	8	2	6
4	9	6	1	2	8	5	3	7
2	8	3	5	6	7	4	1	9
3	5	2	9	4	6	1	7	8
9	4	7	8	1	3	2	6	5
1	6	8	7	5	2	9	4	3
7	1	4	6	9	5	3	8	2
6	2	9	3	8	1	7	5	4
8	3	5	2	7	4	6	9	1

B4

2	9	6	1	7	5	4	3	8
4	5	1	8	3	2	7	9	6
3	8	7	9	6	4	2	5	1
6	1	5	4	9	8	3	2	7
8	2	9	7	1	3	6	4	5
7	3	4	5	2	6	1	8	9
5	7	2	3	8	1	9	6	4
9	6	8	2	4	7	5	1	3
1	4	3	6	5	9	8	7	2

B5

7	3	5	9	1	6	8	4	2
8	2	9	4	7	5	6	3	1
1	6	4	3	8	2	7	9	5
9	5	1	2	3	8	4	6	7
4	8	6	5	9	7	2	1	3
2	7	3	1	6	4	5	8	9
6	1	7	8	2	9	3	5	4
5	9	2	6	4	3	1	7	8
3	4	8	7	5	1	9	2	6

B6

9	7	2	8	6	5	1	3	4
3	4	6	9	1	2	8	7	5
5	8	1	4	3	7	9	6	2
2	3	7	5	8	6	4	9	1
6	9	8	1	2	4	7	5	3
1	5	4	3	7	9	6	2	8
7	2	3	6	4	8	5	1	9
8	6	5	2	9	1	3	4	7
4	1	9	7	5	3	2	8	6

B7

4	1	3	9	8	2	7	5	6
2	6	7	5	1	4	8	9	3
5	9	8	3	6	7	2	4	1
7	5	9	1	2	8	6	3	4
1	2	4	6	3	5	9	7	8
3	8	6	4	7	9	5	1	2
9	4	1	8	5	6	3	2	7
8	7	5	2	4	3	1	6	9
6	3	2	7	9	1	4	8	5

B8

5	3	8	7	1	2	9	4	6
4	9	1	6	5	3	7	2	8
6	2	7	9	8	4	1	5	3
1	5	4	8	3	6	2	7	9
9	6	3	2	7	1	4	8	5
7	8	2	4	9	5	3	6	1
3	7	6	5	2	9	8	1	4
2	1	5	3	4	8	6	9	7
8	4	9	1	6	7	5	3	2

B9

5	1	4	9	3	6	8	7	2
3	8	7	4	2	1	9	5	6
2	9	6	5	8	7	3	1	4
7	5	1	6	4	3	2	8	9
6	2	9	1	5	8	7	4	3
8	4	3	2	7	9	5	6	1
1	6	5	8	9	2	4	3	7
9	7	8	3	6	4	1	2	5
4	3	2	7	1	5	6	9	8

B10

9	5	8	1	7	3	6	2	4
1	6	3	2	4	5	9	7	8
2	4	7	6	8	9	3	5	1
6	7	1	9	3	8	5	4	2
5	9	2	4	1	7	8	3	6
8	3	4	5	2	6	7	1	9
4	8	5	7	6	1	2	9	3
7	2	6	3	9	4	1	8	5
3	1	9	8	5	2	4	6	7

图 5-4 间接扩展习题的答案

	2		5		3		7	
	6		8		7	3	2	
7	3						4	8
3	7	1	9	5	8	4	6	2
6			4			8	3	7
4	8	2	3	7		9	5	1
2	4						8	3
	1		2		5		9	4
			7		4	2		

C1

9	3	8	1	2	4	5	6	7
5	1	7	9	8	6	2	4	3
4	6	2	5	7	3	1	8	9
8	7	1	6	4	2	9	3	5
2	5	4	7	3	9	8	1	6
3	9	6	8	5	1	7	2	4
7	4	3	2	9	8	6	5	1
6	2	9	4	1	5	3	7	8
1	8	5	3	6	7	4	9	2

C2

1	9	4	6	8	7	5	3	2
2	7	3	1	4	5	8	6	9
8	6	5	9	2	3	1	4	7
5	3	2	7	1	8	4	9	6
7	1	9	2	6	4	3	5	8
6	4	8	5	3	9	2	7	1
4	5	1	8	7	6	9	2	3
3	8	6	4	9	2	7	1	5
9	2	7	3	5	1	6	8	4

C3

5	7	6	4	1	9	8	3	2
3	9	2	6	8	5	1	4	7
4	8	1	7	3	2	9	5	6
2	5	9	8	4	6	7	1	3
1	4	8	5	7	3	6	2	9
7	6	3	9	2	1	5	8	4
6	3	7	2	5	8	4	9	1
9	2	5	1	6	4	3	7	8
8	1	4	3	9	7	2	6	5

C4

6	2	1	9	3	4	5	7	8
3	7	9	8	6	5	1	2	4
8	5	4	1	2	7	3	6	9
4	3	5	2	8	6	7	9	1
1	6	2	5	7	9	8	4	3
9	8	7	4	1	3	2	5	6
7	9	3	6	5	1	4	8	2
2	1	6	7	4	8	9	3	5
5	4	8	3	9	2	6	1	7

C5

6	3	5	4	7	9	8	2	1
2	8	7	6	3	1	4	5	9
1	9	4	5	8	2	3	7	6
3	4	8	2	9	5	6	1	7
7	5	6	1	4	3	9	8	2
9	2	1	7	6	8	5	3	4
5	1	9	3	2	4	7	6	8
8	6	2	9	5	7	1	4	3
4	7	3	8	1	6	2	9	5

C6

1	4	5	7	2	6	8	3	9
2	9	6	3	8	4	5	1	7
8	7	3	9	1	5	2	6	4
6	3	7	8	4	9	1	5	2
5	2	9	6	7	1	4	8	3
4	8	1	5	3	2	7	9	6
7	5	4	1	9	3	6	2	8
3	6	8	2	5	7	9	4	1
9	1	2	4	6	8	3	7	5

C7

7	6	5	3	4	9	8	1	2
8	9	4	5	2	1	6	3	7
2	3	1	7	6	8	4	9	5
1	4	6	9	5	7	3	2	8
5	8	2	1	3	4	7	6	9
9	7	3	6	8	2	1	5	4
3	2	7	8	1	5	9	4	6
6	5	9	4	7	3	2	8	1
4	1	8	2	9	6	5	7	3

C8

8	5	1	2	9	3	7	4	6
7	2	9	4	1	6	3	8	5
3	4	6	8	5	7	2	1	9
6	9	5	1	7	8	4	2	3
2	7	3	6	4	9	1	5	8
1	8	4	3	2	5	9	6	7
5	3	2	9	8	1	6	7	4
4	6	8	7	3	2	5	9	1
9	1	7	5	6	4	8	3	2

C9

8	5	6	1	4	9	2	7	3
9	2	7	3	8	5	6	1	4
4	3	1	2	6	7	5	9	8
2	8	3	9	7	4	1	6	5
5	7	9	6	1	3	4	8	2
6	1	4	8	5	2	9	3	7
3	4	5	7	9	6	8	2	1
1	9	2	5	3	8	7	4	6
7	6	8	4	2	1	3	5	9

C10

5	4	3	9	8	7	2	1	6
6	9	1	3	4	2	5	7	8
2	7	8	5	6	1	3	4	9
3	8	6	1	2	9	7	5	4
4	1	5	6	7	3	9	8	2
7	2	9	4	5	8	1	6	3
8	3	2	7	1	6	4	9	5
9	5	7	8	3	4	6	2	1
1	6	4	2	9	5	8	3	7

图 6-2 单空习题的答案

		6		1		2	8	7
8	7	1		5		6	4	3
2	3	4	8	7	6	9	5	1
		2	1			7	6	8
6		8	7		5	3	9	4
7	4	9	6	3	8	5	1	2
	8	5			7	4	2	6
	6	7		8		1	3	5
	2	3	5	6		8	7	9

D1

4	2	5	3	**1**	6	**9**	8	7
9	**6**	8	2	7	**5**	3	1	4
7	1	**3**	9	8	4	6	**2**	5
8	**7**	4	**6**	5	2	1	**3**	9
1	9	6	8	3	7	5	4	**2**
3	**5**	2	1	4	**9**	8	**7**	6
2	**8**	7	5	6	1	**4**	9	3
5	4	1	**7**	9	3	2	**6**	8
6	3	**9**	4	**2**	8	7	5	**1**

D2

5	**8**	9	2	1	7	4	**6**	3
1	7	**2**	**6**	4	**3**	**5**	9	8
6	4	3	**5**	**9**	**8**	7	2	1
3	1	**6**	4	2	5	**8**	7	**9**
7	**2**	8	9	3	1	6	**5**	4
9	5	**4**	7	8	6	**3**	1	**2**
8	3	5	**1**	**7**	**2**	9	4	6
2	9	**7**	**8**	6	**4**	**1**	3	5
4	**6**	1	3	5	9	2	**8**	7

D3

6	7	3	1	2	**4**	**9**	5	**8**
5	9	4	6	3	8	**2**	7	1
2	**1**	**8**	5	**7**	9	3	4	6
7	4	1	2	9	5	**6**	8	3
3	6	5	**8**	4	**1**	7	2	9
8	2	**9**	7	6	3	5	1	**4**
9	8	7	4	**5**	6	**1**	**3**	2
1	5	**6**	3	8	2	4	9	**7**
4	3	**2**	**9**	1	7	8	6	5

D4

4	3	6	7	2	**5**	**1**	9	8
2	**7**	8	6	**9**	1	3	**4**	5
5	1	**9**	8	3	**4**	**6**	7	2
8	4	**3**	2	5	6	7	1	9
1	**6**	2	9	4	7	8	**5**	3
7	9	5	3	1	8	**4**	2	**6**
9	5	**4**	**1**	6	3	**2**	8	**7**
6	**2**	7	4	**8**	9	5	**3**	1
3	8	**1**	**5**	7	2	9	6	4

D5

3	2	1	**4**	9	5	6	7	8
9	5	**8**	7	2	6	1	3	**4**
6	7	4	8	**1**	3	2	**5**	**9**
1	**6**	**7**	5	**3**	4	**9**	8	**2**
4	8	**5**	**2**	**7**	9	3	**1**	6
2	**9**	**3**	6	**8**	1	**7**	4	**5**
5	3	6	1	**4**	2	8	**9**	**7**
7	1	**2**	9	5	8	4	6	**3**
8	4	9	**3**	6	7	5	2	1

D6

1	4	3	6	**8**	9	5	2	**7**
5	7	6	**3**	2	4	1	9	8
9	8	**2**	7	5	1	**6**	3	4
4	6	8	**1**	7	**2**	9	**5**	3
7	5	9	8	**3**	6	2	4	**1**
2	**3**	1	**4**	9	**5**	8	7	6
6	1	**5**	9	4	3	**7**	8	2
3	9	7	2	1	**8**	4	6	5
8	2	4	5	**6**	7	3	1	**9**

D7

5	8	2	6	4	1	7	9	3
1	3	7	2	9	8	4	5	6
9	6	4	3	7	5	8	2	1
8	7	9	1	6	3	2	4	5
3	2	6	4	5	7	1	8	9
4	1	5	9	8	2	3	6	7
2	5	3	8	1	9	6	7	4
7	4	8	5	3	6	9	1	2
6	9	1	7	2	4	5	3	8

D8

9	7	1	3	6	2	8	4	5
4	2	8	9	5	7	6	1	3
6	5	3	8	4	1	7	9	2
2	1	4	7	9	8	3	5	6
7	9	6	4	3	5	1	2	8
3	8	5	2	1	6	9	7	4
8	4	2	6	7	9	5	3	1
5	6	7	1	2	3	4	8	9
1	3	9	5	8	4	2	6	7

D9

3	8	9	7	1	4	6	2	5
6	4	2	3	9	5	7	8	1
5	1	7	8	2	6	4	3	9
4	2	6	1	7	9	8	5	3
7	5	3	4	8	2	1	9	6
1	9	8	6	5	3	2	4	7
8	6	5	9	4	7	3	1	2
9	7	4	2	3	1	5	6	8
2	3	1	5	6	8	9	7	4

D10

4	8	2	5	1	7	6	9	3
6	5	1	2	9	3	7	8	4
9	3	7	4	6	8	5	1	2
1	4	5	3	7	9	8	2	6
3	9	8	6	2	5	1	4	7
7	2	6	1	8	4	3	5	9
8	1	4	7	3	2	9	6	5
5	7	9	8	4	6	2	3	1
2	6	3	9	5	1	4	7	8

图 7-1　双空例题的答案

8	1	5	7	9	2	6	3	4
3	9	2	6	4	5	8	1	7
4	6	7	8	1	3	2	5	9
6	4	1	5	2	7	3	9	8
5	8	9	1	3	6	7	4	2
7	2	3	9	8	4	5	6	1
2	5	6	4	7	9	1	8	3
1	3	4	2	6	8	9	7	5
9	7	8	3	5	1	4	2	6

E1

9	8	1	7	5	**4**	3	6	2
6	4	**3**	8	1	**2**	7	5	9
7	5	2	3	6	9	4	**1**	**8**
2	7	**4**	1	9	3	**6**	8	5
3	9	8	5	**7**	6	1	2	4
1	6	**5**	2	4	8	**9**	7	**3**
8	**1**	7	4	3	5	2	9	6
4	2	6	**9**	8	7	**5**	3	**1**
5	3	9	**6**	2	1	8	4	**7**

E2

2	**7**	9	4	6	3	1	**5**	8
8	4	1	**2**	5	7	**9**	3	6
5	3	**6**	8	9	**1**	7	2	**4**
1	6	3	7	**4**	2	**8**	9	5
9	5	2	6	1	8	4	7	**3**
4	8	**7**	9	3	**5**	6	1	2
3	9	5	1	**8**	6	**2**	4	7
6	2	**4**	**3**	7	9	5	8	**1**
7	**1**	8	5	2	4	3	**6**	9

E3

5	3	2	4	9	7	8	**6**	**1**
6	7	**4**	**8**	**1**	5	9	**3**	**2**
9	8	1	6	2	3	4	5	7
4	9	5	**2**	6	**8**	1	7	**3**
3	6	8	9	**7**	1	2	4	**5**
2	1	7	**5**	3	**4**	6	9	**8**
7	4	9	3	8	2	5	1	6
8	**5**	3	1	**4**	**6**	**7**	2	9
1	**2**	6	7	5	9	3	8	**4**

E4

4	8	3	7	**1**	5	2	9	6
2	1	9	6	3	8	**4**	**7**	**5**
7	**6**	5	2	4	**9**	3	**1**	8
5	**3**	**4**	1	7	**2**	**6**	8	9
8	2	1	**9**	6	**3**	7	5	**4**
9	7	**6**	**8**	5	4	**1**	**2**	3
3	**9**	2	**4**	8	7	5	**6**	**1**
1	**4**	**7**	5	9	6	8	3	2
6	5	8	3	**2**	1	9	4	7

E5

6	4	1	8	**3**	5	2	9	7
3	**8**	2	1	7	**9**	4	6	**5**
7	**9**	5	4	2	6	3	**1**	**8**
4	**6**	7	3	5	**1**	**9**	8	**2**
1	5	**8**	9	**4**	2	**6**	7	3
2	3	**9**	**6**	8	7	1	**5**	4
8	**1**	4	5	9	3	7	**2**	6
5	2	6	**7**	1	4	8	**3**	9
9	7	3	2	**6**	8	5	4	1

E6

9	4	7	5	6	2	3	**8**	1
1	**2**	6	9	8	**3**	5	**4**	7
8	5	3	**1**	4	**7**	2	9	6
2	9	**5**	3	1	4	**7**	6	8
3	7	1	**8**	**2**	**6**	9	5	4
4	6	**8**	7	5	9	**1**	3	2
7	8	2	**6**	9	**5**	4	1	3
6	**3**	9	**4**	7	1	8	**2**	5
5	**1**	4	2	3	8	6	7	**9**

E7

7	8	3	2	1	9	4	5	6
4	5	6	8	3	7	1	9	2
9	2	1	5	6	4	3	7	8
5	6	7	1	9	3	2	8	4
3	4	2	7	8	6	5	1	9
1	9	8	4	5	2	6	3	7
6	7	5	3	4	8	9	2	1
8	1	9	6	2	5	7	4	3
2	3	4	9	7	1	8	6	5

E8

6	1	4	3	9	2	8	7	5
2	3	7	5	8	1	6	9	4
8	9	5	4	7	6	3	1	2
7	5	3	2	6	9	4	8	1
4	8	1	7	5	3	2	6	9
9	2	6	1	4	8	7	5	3
5	4	9	6	2	7	1	3	8
1	7	8	9	3	4	5	2	6
3	6	2	8	1	5	9	4	7

E9

9	3	2	8	4	6	7	5	1
1	5	4	9	7	2	3	8	6
8	6	7	3	1	5	9	4	2
6	7	3	1	5	8	2	9	4
5	4	1	2	9	7	6	3	8
2	8	9	4	6	3	5	1	7
3	9	8	6	2	1	4	7	5
4	2	5	7	8	9	1	6	3
7	1	6	5	3	4	8	2	9

E10

3	2	1	7	4	8	9	5	6
5	8	7	3	6	9	4	2	1
9	6	4	5	2	1	3	8	7
6	9	2	1	8	4	7	3	5
7	4	8	2	3	5	1	6	9
1	5	3	6	9	7	8	4	2
8	1	9	4	5	2	6	7	3
2	7	6	8	1	3	5	9	4
4	3	5	9	7	6	2	1	8

图 17-1 深挖例题的答案

4	2		1	5	9			
	1						5	
5	9		7	3			4	
1	3	9	2					6
7	6	4		1	3		9	
2	8	5			7	4	1	3
	4		5	7	6			
	5		3		1		6	4
	7		4	2	8		3	5

A 宫 K 行 R 列 5

C 宫 Y 列 4

W 列 3

G 宫 3

Q 行 4

H 宫 4

九宫印章

此章纵横连盖九个，可制成特大号题纸，也可直接作为迷你型题纸，专门用来抄录和传递谜题。

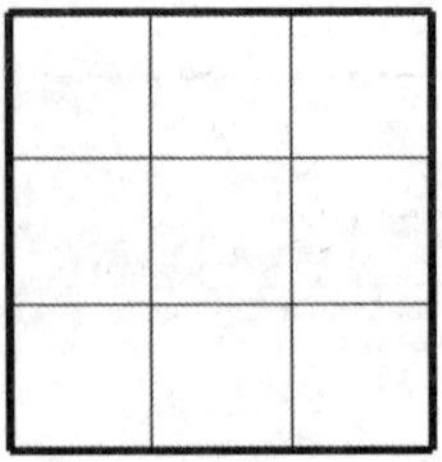

40×40 大小的印章，能使纸面利用度达到最大化，印章越小，越容易解决纸源。

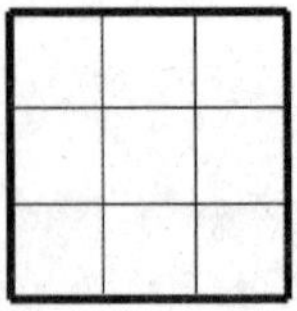

不同大小的印章供自由选用，可以在较小的题纸上操作路线 A 和 B，在较大的题纸上操作路线 C。